U0564647

制造企业数据空间设计理论与方法

梁荣华　郭忠文　丁　菡　孙国道　等著

ZHEJIANG UNIVERSITY PRESS
浙江大学出版社
·杭州·

图书在版编目(CIP)数据

制造企业数据空间设计理论与方法/梁荣华等著. —杭州：
浙江大学出版社，2023.11
ISBN 978-7-308-24457-2

Ⅰ.①制… Ⅱ.①梁… Ⅲ.①制造企业－工业企业－
数据管理－研究 Ⅳ. ①F407.4

中国国家版本馆 CIP 数据核字(2023)第 235892 号

制造企业数据空间设计理论与方法

梁荣华　郭忠文　丁　菡　孙国道　等著

责任编辑	金佩雯
文字编辑	王怡菊
责任校对	陈　宇
封面设计	黄晓意
出版发行	浙江大学出版社
	（杭州市天目山路 148 号　邮政编码 310007）
	（网址：http://www.zjupress.com）
排　　版	杭州星云光电图文制作有限公司
印　　刷	杭州高腾印务有限公司
开　　本	710mm×1000mm　1/16
印　　张	9.25
字　　数	160 千
版 印 次	2023 年 11 月第 1 版　2023 年 11 月第 1 次印刷
书　　号	ISBN 978-7-308-24457-2
定　　价	60.00 元

版权所有 侵权必究　印装差错 负责调换

浙江大学出版社市场运营中心联系方式：0571－88925591；http://zjdxcbs.tmall.com

前　言

近年来,随着新一代信息技术的快速发展,特别是物联网、大数据和云计算的广泛普及与应用,制造企业的设计、生产、制造、管理和服务等全产业链运营机制正经历着深刻的变革,这些新技术以其强大的潜力与前瞻性对全球制造业的发展模式和产业形态都产生着重要影响。为了紧跟信息化时代快速发展的步伐,我国在《"十四五"智能制造发展规划》(以下简称《规划》)中明确将智能制造作为制造强国建设的主攻方向,并强调其发展水平直接关乎我国制造业的质量水平和竞争力。

在此背景下,本书致力于对制造企业的数据空间设计理论与方法进行深入研究,旨在构建一套完整的数据空间管理体系,其中包括数据空间管理引擎,基于数据空间的归因推断、知识发掘和学习决策技术,以及数据空间原型系统构建等方面。该体系是我们在实现全流程控制和信息共享方面为制造企业提供有力支撑的手段,也是对《规划》中"深化推广应用,开拓转型升级新路径"的全新探索和尝试。

《规划》指出,"同时,世界处于百年未有之大变局,国际环境日趋复杂,全球科技和产业竞争更趋激烈,大国战略博弈进一步聚焦制造业"。与此同时,物联网、大数据和云计算等新一代信息技术发展迅速,制造业和信息技术的融合不断加深,信息化建设已经成为主要趋势和制造业发展的关键驱动力之一。为应对我国制造业面临的新挑战,《国务院关于深化制造业与互联网融合发展的指导意见》(以下简称《指导意见》)明确了中国制造业和互联网融合发展的方向和目标,推进制造业数字化、网络化、智能化发展,提高制造业整体水平,实现全产业链联动和加强标准体系建设。

多源异构数据空间可以实现制造业数据的存储、管理和分析，为制造业的决策提供技术支持，为离散制造业提供全价值链标准化和知识谱图。因此，发展制造企业的数据空间设计理论和管理引擎，发展基于数据空间的归因推断、知识发掘、学习决策技术，以及构建数据空间原型系统，既是多源异构制造业深度信息化的一个明确方向，也是离散制造业提高生产效率、规范标准化生产、降低生产成本、提高竞争力，以及激发生产活力的重要手段。本书是《中国制造2025》战略任务和重点所指明的"推进信息化与工业化深度融合""推进生产过程智能化"的一次具体实践，响应了《指导意见》的主要任务，是对制造业信息化发展方向的一次探索。

值得强调的是，我们不局限于理论研究，也注重加强与制造企业的紧密合作，将研究成果应用于实际场景，并通过大量的迭代验证和调整，持续完善和优化系统功能，使其更贴合实际应用的需要。本书在制造企业数据空间理论与方法的研究和实践中取得了一定的进展，为智能制造的发展提供了强有力的理论和技术支持。

同时，本书的专业性和实用性较强，可为企业的信息技术专业人员、技术架构师、数据管理人员以及从事数据管理和数据分析工作的专业人士提供参考。此外，它也适用于学术界的研究人员和学生，为他们提供更广阔的思考空间。通过这本书，相关领域的研究人员和实践者将获得对未来研究方向和挑战更深入的认识，以推动相关领域的不断发展。

本书的出版得到了国家重点研发计划项目"制造企业数据空间设计理论与方法"（项目编号：2020YFB1707700）的资助。在此，向所有参与本项目的团队成员表示诚挚的感谢和崇高的敬意，特别是向各位专家、领导和企业合作伙伴致以最真挚的谢意，正是他们的无私奉献和坚定支持，才让研究团队在本项目开展过程中获得这样的成果。同时，研究团队也将继续不断地深化研究和完善项目成果，为推动智能制造的发展贡献自己的力量。

由于作者水平有限，书中难免出现纰漏和不足之处，敬请各位专家、读者批评指正。

目　录

第 1 章　面向全价值链活动的企业数据空间构建与协同理论架构

1.1　多源异构数据批/流融合采集机制设计

各制造企业之间数据采集、处理以及存储方式往往存在较大差异,这些差异造成了制造企业系统中数据来源复杂、结构各异[1]等问题,导致各企业系统之间相互孤立,信息沟通困难[2]。同时,各企业系统之间的协同不足,缺乏标准化的交互体架构支撑,使得数据散落在不同的企业系统内部[3],这严重影响企业之间各业务的顺利执行以及各企业之间的信息共享[4]。

为构建多源异构企业数据空间与全流程标准化交互体系,推动多源异构数据实现快速融合,必须设计适用于各类数据源的数据采集机制[5],以及制定与之相适应的标准化数据结构。

1.1.1　批/流融合采集机制研究

全价值链活动覆盖企业方方面面的行为,这些行为主要可分为研发设计、生产制造、经营管理和销售服务四大类活动。而这些活动中产生的数据在应用需求上也存在差异。比如对于生产制造过程中产生的数据,需要及时采集、处理和反馈[6],从而实时把握生产状况[7-8],及时发现生产过程中存在的问题,并发掘这一环节中存在的潜在缺陷,避免更大损失[9];而对于销售服务环节中的数据,则需要以一定的时间尺度为单位(如天、月或年)进行汇总与分析,辅以区域维度上的汇总,以实现对销售状况的把握。

经过深入研究全价值链活动所产生的数据在数据结构、存储方式和应用需求等多个维度的特征,本章设计了多源异构数据批/流融合的数据采集机制,整体结构如图 1-1 所示。

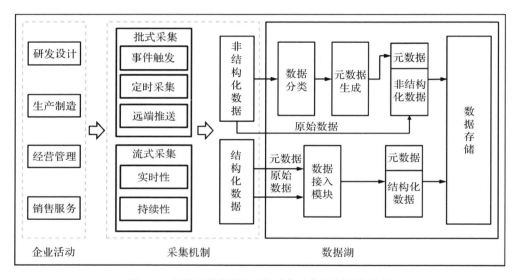

图 1-1 多源异构数据批/流融合采集机制整体结构

数据采集机制主要分为批式数据采集和流式数据采集两种。批式数据采集机制包含事件触发、定时采集和远端推送三种方式。事件触发是指在采集程序的上层软件中预先定义关键事件,如到达某个活动节点或者到达某种状态,当发生这个关键事件时,上层软件会向采集程序发送数据采集命令,使其对接入到采集机制中的企业活动数据源进行批量采集;定时采集是指设定一个较长的时间间隔(通常不短于一天),每隔这个时间间隔进行一次数据采集;远端推送则是指,在贴近企业活动数据源的一侧添加中间件等软件,并开放数据推送接口,中间件软件根据事先设定的逻辑将产生的数据推送至采集程序。流式数据采集机制采取持续或以较短的时间间隔(通常不超过一分钟)循环采集的方式进行数据采集,主要针对应用实时性较强的数据和持续不断产生的数据。

数据采集机制在采集到数据后,并不对数据进行复杂的转换,而是直接将数据发送给数据湖进行存储和应用。因此,从数据存储和处理的角度,本章将对采集自全价值链活动数据源的数据进行融合处理,然后将其分为非结构化数据和结构化数据,从而实现采集方式对上层的透明化。对于非结构化数据,首先对数据进行分类,然后针对不同类别的数据生成包含其特征的元数据,将元数据与非结构化数据结合存储,实现针对非结构化数据的采集。对于结构化数据,通过制定标准化的数据结构,同步采集元数据和原始数据,将两者结合存储,实现针对结构化数据的采集。

本节主要围绕非结构化数据的采集机制展开研究,通过分析音频和视频等非结构化数据的产生方式和存储方式,确定非结构化数据的采集方法。非结构化数据存储方式较结构化数据更为多样,例如,视频数据可以使用 MP4 等多种文件格式存储,而对于摄像头实时采集的视频,则可以使用 NVR(network video recorder,网络视频录像机)存储视频流,采用 FTP、SFTP 等格式将文件存放于 FTP(file transfer protocol,文件传送协议)服务器上,也可以使用二进制形式存放在传统的关系型数据库中。存储方式不同,则对应的采集方式也不同。因此,对于非结构化数据,本节详细制定了其元数据格式,其中包含从非结构化数据的数据源中获取数据的详细方法;也设计了根据这些信息对非结构化数据进行采集的机制。在采集非结构化数据源时,数据提供方必须提供详细有效的调用参数,从而使采集程序可以根据这些元数据格式中的采集方法对非结构化数据进行采集。

1.1.2　标准化数据结构设计

在标准化数据结构设计方面,通过实地考察,研究团队发现在企业全价值链活动中不同场景的数据存在很大差异,制定一个完全统一的数据结构既不现实,也无法真正应用在采集机制中。因此,研究团队从企业活动和细分领域两个维度对企业全价值链活动中的场景进行划分,针对每一个场景分别制定标准化的数据结构,如图 1-2 所示。在具体数据结构的设计上,将该结构划分为核心结构和可扩展结构两部分。核心结构是指含义和名称明确定义并适用于所用场景的数据结构,比如数据的唯一标识、数据生成时间和对应事件标识等结构;而可扩展结构则是指针对具体场景特点而设计的数据结构,这些结构随企业活动和细分领域的不同而变化,其名称、含义以及条目数量也可能不同。

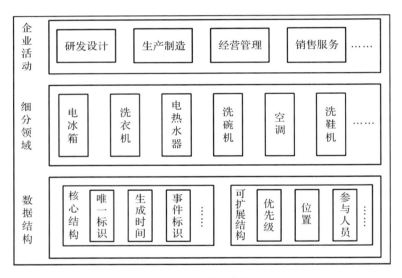

图 1-2　标准化数据结构制定

本节完成了多源异构数据的批/流融合采集机制的设计,并针对产品测试这一企业活动产生的数据,深入调研数据特征,在电冰箱、洗衣机、电热水器和空调四个细分领域设计了完整的数据结构。在此基础上,对多源异构数据的批/流融合采集机制主要内容进行抽象和归纳整理,发布了一项 IEEE 国际标准[10],*IEEE Standard Design Criteria of Complex Virtual Instruments for Household Appliance Test*(《家电测试复杂虚拟仪器设计标准》),标准编号为 IEEE Std 2735.1-2022。

1.2　面向多服务的多源异构数据湖系统研究

数据湖是一种在系统或存储库中以自然格式存储数据的方法,它有助于以各种模式和结构形式配置数据[11],这些模式和结构通常是对象块或文件[12]。使用数据湖的主要目的是对企业中的所有数据进行统一存储和管理[13-14],将原始数据转换为可用于报告、分析和机器学习等各种任务的可视化的目标数据。数据湖中的数据包括结构化数据、半结构化数据、非结构化数据和二进制数据[14]。数据湖可被视为一个容纳所有形式数据的集中式数据存储系统[15]。

本节针对制造企业中全流程多源异构数据特性,通过研究数据湖整体理念,分析制造业大数据处理方法,构建面向多服务的多源异构数据湖系统,从而重新定义数据湖体系结构所涉及的概念框架、功能需求、组成要素、信息关系等方面内容。

1.2.1　数据湖架构研究

传统数据湖系统中的模块通常针对某一具体需求开发,能够实现的功能是固定的。虽然某些传统数据湖系统能够支持多项功能,但实际上也是通过多个单一的功能性模块或在功能性模块中集成多项处理代码实现的,其核心的功能性模块仍然固化在系统中。本节研究的面向多服务的数据湖系统,需要支持灵活的服务变更,不局限于某一或某些功能,从而能够满足制造企业在全价值链活动中对于数据湖面向多服务的需求。

企业全价值链活动所产生的数据在传输和存储上都存在明显的特征。在数据传输上,这些数据体现出较高的并发性、突发性,传输方式的异构性也较高,同时某些数据在应用方面还存在较高的实时性要求;而在数据存储上,这些数据则显现出存储容量需求较大、数据原生化存储等特征。这就要求数据库必须采取分布式的架构,以保证其在性能和容量上的可扩展性,同时应采取层次化的存储方式,针对不同类型的数据应采取不同的存储方式。

目前研究团队已完成数据湖系统总体架构以及存储、查询、元数据更新等主要模块的设计,总体架构如图 1-3 所示。为提供面向多服务的支持,研究团队在数据湖中设计了大数据处理引擎这一模块。这一模块可以接收以 Python 脚本形式提供的算法代码,并生成 Python API(应用程序接口)以供调用,通过编写用于实现不同功能的 Python 脚本即可实现对多服务的支持。Python API 可与数据源对接并根据数据源的特征分门别类地选择 Python 脚本,以对数据进行处理。数据采集程序在采集到全价值链活动中的数据后,作为数据源向数据湖提供这些原始数据。原始数据接入到数据湖之后,首先要经过大数据处理引擎的处理,处理算法即前述的 Python 脚本中实现的算法,本书所开发的原型系统将以元数据生成为例来阐述这一过程。元数据可以看作是由数据在多个维度上的特征组成的集合,在数据表示、感知、统计和检索方面具有重要作用。某些结构化数据在生成时自带元数据,但多数数据通常没有自带元数据,或者其所谓的元数据无法作为数据的多维特征,无法起到描述数据的作用,故而需要通过处理提取数据特征,生成元数据。

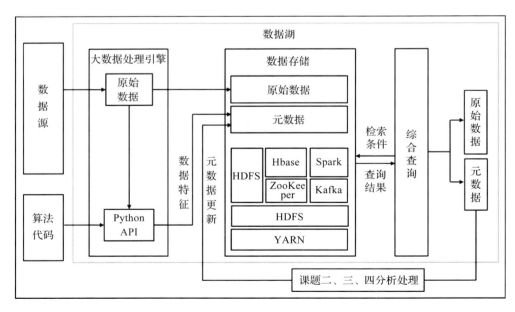

图 1-3　数据湖系统总体架构

原始数据经过大数据引擎的处理后，生成了新的元数据。随后元数据和原始数据结合，存储到数据湖中。数据湖包含搜索引擎，对外提供数据检索功能，能够实现根据数据的特征对数据进行查询。数据湖集成了元数据演化和更新功能，并对外提供可调用此功能的接口。

本节深入分析了企业全价值链活动产生的数据对存储的要求，设计了数据湖框架。该框架底层为分布式的存储节点，顶层对外提供统一的调用接口，模糊节点的概念，最终呈现给用户的数据湖系统是一个完整的系统。参照上述数据湖框架，本节还设计并实现了一个数据湖原型系统，并通过向数据湖中存储结构化数据和视频等非结构化数据，对数据湖的存储功能进行了验证。

1.2.2　数据分类存储方法研究

面向多服务的多源异构数据湖系统覆盖企业全价值链所有活动，因此面临巨大的存储压力。如果对所有数据一视同仁，采用相同的技术进行存储，即使能够满足数据的存储需求，也很难满足数据在应用上的性能需求。故本节对数据按照检索（即调用）行为进行划分，并采用分层的方式进行存储，从而提高数据的调用性能。

这里，研究团队提出“检索域”的概念，即较为频繁地一起出现在检索的候选集中的数据。在检索域中筛选符合条件的数据所花费的时间是整个检索操作的主要耗时。例如，用户将关于生产环节的结构化数据都存放在关系型数据库的一个表里，则这些数据就构成了一个检索域；当用户对检索域中的数据进行检索时，只要查询生产环节的数据，这个表里的所有记录就可能会出现在查询的候选集中。当表中数据过多，也就是这个检索域过于庞大时，检索所需时间也会增加。故对检索域进行合理划分是降低检索耗时的一个有效方法。此外，也可以使用高性能的存储介质存放无法细分的检索域，从而提高检索性能。

细分检索域的一个方法是按照全价值链活动的具体逻辑对数据进行划分，

如按照环节、关键步骤和时间等已有维度划分,再将数据按照划分后的维度构建集合,形成细分的检索域。经过细分后的检索域,每个域内的数据量较少,在这些检索域内进行数据检索耗时较短。需要注意的是,在细分检索域时,需要设计合理的逻辑,实现检索域之间数据的联合检索。

本节以设计测试环节中产生的传感数据为样本,对检索域细分进行了探索。未细分的传感数据检索域随时间增长会变得非常庞大,两年左右即可达到亿级的记录量。在这种量级的检索域中进行查询,耗时较长。针对样本数据的查询主要分为两部分:一是针对测试元数据的查询,二是针对传感数据的查询。通过对样本数据进行实际考察和深入分析,研究团队发现测试元数据的量级要远远小于传感数据,而且字段较多,实际应用中通常会根据定义明确的元数据字段设置主键索引等结构,这能够大幅提高检索效率,所以检索测试元数据的耗时非常短。而传感数据的量级极大,约占总数据量的99%以上,字段也比较单一,若设置索引等结构,又会造成较大的空间占用和更新负担,整个查询的主要耗时就在对传感数据的查询上。因此,研究团队决定对传感数据的检索域进行优化。首先根据测试的台位对检索域进行细分,将在每个台位上进行测试的样机所产生的传感数据划分为对应的检索域,而后在时间维度上再次对检索域进行细分,将每个月的数据集合当作一个检索域,从而大大降低每个检索域中的数据量,有效提高检索效率。

1.3　基于演化聚类的元数据演化机制研究

本节针对元数据演化机制研究困难[16]、数据海量且处理时间长等问题[17],拟基于演化聚类算法,来设计元数据的演化机制。企业全价值链各环节的数据实时产生,且数据量大,如果采用传统聚类算法对全部数据进行聚类,则计算耗时非常长,聚类结果难以反映当前数据聚类特征[18]。因此,需要使用迭代的策略[19-20],采取增量聚类[21-22]的算法对现有聚类进行调整,从而实现演化聚类。

　　基于演化聚类的元数据演化机制的核心是演化聚类算法设计。演化聚类算法需要在典型的聚类算法的基础上,针对数据的变化情况,进行聚类的调整,特别是对聚类中心、聚类半径等参数进行调整。同时,它也需要识别出不属于当前所有聚类的数据,并能新增聚类。

　　本节设计的演化聚类算法主要流程如图 1-4 所示,算法研究主要从聚类更新参数计算和聚类空间密度分析两个方面开展。

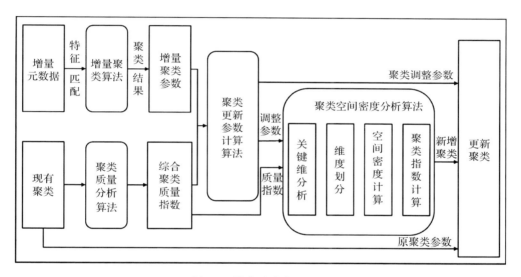

图 1-4　演化聚类算法流程

1.3.1　聚类更新参数计算

　　聚类更新参数的作用是为聚类的调整提供指导。该参数的计算主要需要考虑两个指标:一是增量聚类参数,该参数由增量聚类算法计算得到;二是综合聚类质量指数,用于衡量原有聚类质量。

　　元数据增量聚类是指在现有聚类的基础上,利用增量聚类算法对新增的元数据进行增量聚类处理,最终得到增量聚类参数。研究团队根据现有算法,设计了适用于制造企业全价值链活动的元数据增量聚类算法。该算法以数据汇集节点提供的增量元数据为输入，提取增量元数据的特征，结合 Single-Pass（单通道）、增量式 MinMax k-means（极值 k 均值聚类）和 Ball k-means（球状 k 均值聚类）等算法，计算增量聚类参数；然后将增量聚类参数与原有聚类参数进行对比，如将增量聚类参数中的聚类中心和聚类半径与原有的聚类中心和半径对比，计算聚类更新指数（该指数表示的是增量数据对现有聚类的影响情况）。

同时，研究团队结合 Davies-Boulding Index（戴维森–堡丁指数）和 Calinski-Harabaz Index（卡林斯基–哈拉巴斯指数）等现有指标，设计了衡量聚类质量的聚类质量分析算法，该算法用以计算原有聚类的综合聚类质量指数。该指数能够表示目前聚类的集中程度和合理程度，质量指数越高，说明当前聚类集中度越高，聚类效果越好。而当同一聚类中的元素越相似时，聚类集中度越高。除此之外，综合聚类质量指数的计算还可以对元数据修改和销毁等行为产生响应。

得到聚类更新指数和综合聚类质量指数后，研究团队设计了聚类更新参数计算算法。该算法综合考量了上述两个指标。若综合聚类质量指数较低，则原有聚类效果欠佳，在这种情况下，应为聚类更新参数设置一个较大的权重，使原有聚类产生较大调整，从而改善聚类效果；反之，若综合聚类质量指数较高，则原有聚类效果较好，在这种情况下，聚类更新指数和现有聚类参数相差较大，这可能是由数据方面的异常导致的，因此在聚类参数的调整上应采用较小的"步长"，即为聚类更新指数设置一个较小的权重，微调原有聚类。

1.3.2　聚类空间密度分析

聚类空间密度分析算法通过将聚类向量空间划分为多个小的子空间，并计算元数据在每个子空间中的样本量，即每个子空间的元数据样本密度，实现发现新聚类的功能。具体而言，当在企业全价值链活动中出现了针对新场景或新环节的若干个数据源，则大数据引擎会在这些数据源的数据被采集后处理生成元数据。这些元数据虽不属于任何一个聚类，但是其在特征上具有较高的相似性,因此在整个向量空间中呈现稠密分布。聚类空间密度分析算法在探知到一个不属于现有聚类的稠密分布以后,即将其作为一个候选的新聚类。当其空间密度达到阈值时,该算法会计算其中心和半径,以及这个候选聚类与原有聚类的中心距离、重合程度等,如果这些值均达到形成聚类的阈值,该算法则会将其判定为新聚类。在将向量空间划分为多个子空间时,表示元数据特征的向量通常是高维向量,直接进行划分会导致繁重的计算负担。因此,本节设计了关键维分析算法,该算法从所有维度中选取少量维度作为关键维,在这些维度上进行子空间划分,执行效率显著提高。

最终,演化聚类算法根据聚类调整参数、聚类空间密度分析结果和原聚类参数进行聚类的更新,并将更新操作与全价值链活动关键事件结合,形成元数据演化机制。

1.4　基于 Lambda 架构的批/流融合大数据处理引擎研究

本节针对批/流大数据处理困难的问题,构建批/流融合大数据处理引擎。该引擎拟结合并改进现有 Lambda 架构,结合演化聚类算法,实现大数据快速分类。该引擎位于数据湖内,采集程序在采集到数据之后首先提交给该引擎进行数据处理,随后数据湖依据处理和分类结果存储数据。

在本节中,研究团队深入研究了 Lambda 架构,其中包含批处理层、流处理层和服务层。在 Lambda 架构中,新数据到达时,会被同时分派到批处理层和流处理层[23-24]。批处理层按照常规批处理时间间隔对所有数据进行计算并生成批处理视图[25];而流处理层使用新到达的数据生成快速视图[26];服务层会合并快速视图和批处理视图来生成结果[25]。

Lambda 架构对数据湖系统构建存在一定普适的指导性[27],但对具体的应用场景,该架构与需求的契合度略显不足[28],因此需要进一步改进。在企业全价值链活动的场景中产生的数据,其使用方式是确定的,即需要对数据进行批处理还是流处理是确定的。在这一前提下,数据无须同时进行批处理和流处理,仅需要执行其中一项即可。

本节设计的批/流融合大数据处理引擎架构如图 1-5 所示,在数据接入后,按照数据应用特征将其分为离线任务和实时任务两类,分别送入不同的层进行处理。离线任务层和实时任务层分别参照 Lambda 架构中的批处理层和流处理层进行设计。研究团队为两种任务层添加了预计算模块,由预计算模块生成对应的离线视图和实时视图,从而提高数据处理效率,降低数据从接入到输出的延迟。预计算模块具体执行的算法和程序可自定义,并以文件的形式上传,从而实现不同的功能。服务层综合离线视图和实时视图,对依据面向需求定制的计算和判断策略进行处理,生成批/流融合视图,并根据具体条件判断是否保存视图。

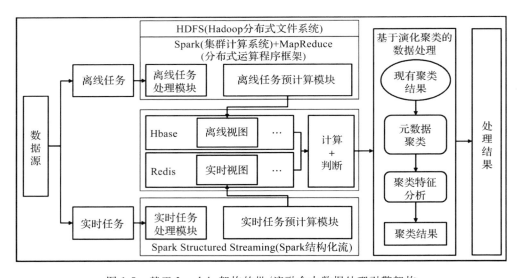

图 1-5 基于 Lambda 架构的批/流融合大数据处理引擎架构

经过离线或实时任务层和服务层处理的融合视图随后被送入基于演化聚类算法的数据处理器中,该数据处理器保存现有聚类结果并定时对其进行更新。当该处理器在接收到数据时,会计算其特征向量与各个聚类中心的距离,然后分析其聚类特征,最终产生聚类结果,实现分类的目的。

本节完成了基于 Lambda 架构的批/流融合大数据处理引擎架构设计,以元数据生成这一任务开发了处理引擎的原型系统,并以生成视频流和图纸文件的元数据为任务对其进行了测试。

1.5　多源异构数据交互标准研究

随着制造企业信息化改革的推进以及数据技术与生产流程的融合,全流程数据已经成为一种重要的生产要素。对于制造企业而言,全流程数据的合理分析和利用能够起到指导生产、降低成本、提高效率的作用,但目前大多数企业在数据交互方面还存在很多问题[29-30]。本节研究了多源异构数据交互标准[31],并制定了面向制造企业全流程数据的互操作标准[32],*IEEE Standard for Interoperability of Complex Virtual Instruments for Internet of Things*(《复杂虚拟仪器互操作标准》),标准编号为 IEEE Std 2735-2022,该标准能够有效解决异构系统协同问题。

本节面向制造企业中产品设计、研发、生产、销售和维护等各个关键环节,研究了这些环节中数据的提取与转换方法,并建立了各环节数据互操作关系。研究团队从这两点出发,结合在相关方面已有的框架和规范,面向生产企业的实际需求,制定了多源异构数据交互标准。

本节制定了面向底层数据的规范化数据结构和标准化元数据格式,划分了数据源类型,结合规范化数据结构对数据源进行标准化转换,设计了群组式多源异构数据交互参考模型以及互操作系统开发框架,明确了互联框架中各角色的功能和职责。并以基于业务活动关联关系的数据互操作关系为逻辑支撑,设计了多源异构数据交互接口功能和调用方法,构建了标准化数据互操作接口。

多源异构数据交互标准总体框架如图 1-6 所示。企业全价值链活动分为研发设计、生产制造、经营管理和销售服务等多个环节,虽然环节众多,关系错综复杂,但是从数据源的角度考虑,可将所有环节的数据源分为结构化数据源和非结构化数据源两种。针对结构化数据源,研究团队规定了标准化的数据结

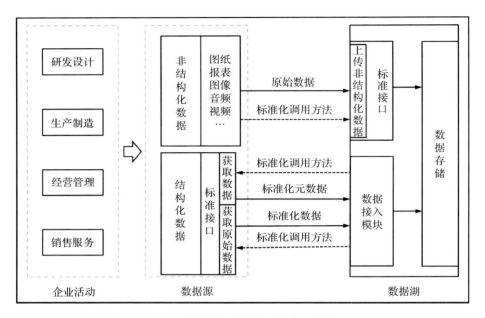

图 1-6   多源异构数据交互标准总体框架

构和元数据结构,以及标准化的获取元数据和原始数据的接口。通过这些标准化的数据结构和接口,可以实现企业不同系统之间以及各企业之间结构化数据的交互。针对非结构化数据源,本节规定了标准化元数据结构以及非结构化数据的标准化调用方法,从而实现非结构化数据的交互。对于非结构化数据元数据的生成算法,《复杂虚拟仪器互操作标准》中不做规定,可根据数据特征和实际需求自行制定。此外,该标准还规定了节点互联接口以及数据汇集节点的接口,从而实现多源异构数据的交互。

在该标准制定过程中,研究团队召开多次标准内容研讨会,与多家权威机构就标准内容展开讨论,广泛听取各方建议,并进行细致研究,不断改进标准内容,最终完成了标准的撰写,现已正式发布。

参考文献

［1］侯戌非.物联网环境下海量多源异构数据的存储算法［J］.宁夏师范学院学报,2022,43(7)：80-85.

［2］邢永生.多源异构数据整编系统的设计和实现［J］.信息与电脑(理论版),2022,34(12)：140-142.

［3］黄少华,郭宇,查珊珊,等.离散车间制造物联网及其关键技术研究与应用综述［J］.计算机集成制造系统,2019,25(2):284-302.

［4］卿建华,陈元斌,鲍敏等.离散型生产车间数据采集与监控系统［J］.制造业自动化,2019,41(1):158-160,172.

［5］陈瑞雪.工业互联网数据采集系统共性技术研究［D］.苏州:苏州大学,2022.

［6］唐麒麟.面向织造车间的数据采集与处理应用技术［D］.杭州:浙江理工大学,2022.

［7］张玉宝.M 企业生产车间数控机床数据采集系统的设计与实现［D］.兰州:兰州理工大学,2021.

［8］胡庆,姜涛,党鼎皓.数据采集系统在石化企业的应用［J］.中国仪器仪表,2023(7):57-60.

［9］唐麒麟,彭来湖,戴宁,等.面向纺织企业的数据采集分析系统设计与实现［J］.软件工程,2022,25(8):43-47.

［10］IEEE Standards Association. IEEE Standard Design Criteria of Complex Virtual Instruments for Household Appliance Test：IEEE Std 2735.1-2022［S］. New York：IEEE, 2023.

［11］Cherradi M, Haddadi A E. Data lakes：A survey paper［C］// Ben Ahmed M, Boudhir A A, Kara I R, et al. Innovations in Smart Cities Applications. Cham：Springer, 2021, 5：823-835.

［12］Cherradi M, Haddadi A E. DLDB-service：An extensible data lake system［C］// Ben Ahmed M, Abdelhakim B A, Ane B K, et al. Emerging Trends in Intelligent Systems & Network Security. Cham：Springer,2022,147:211-220.

［13］Ravat F, Zhao Y. Data lakes：Trends and perspectives［C］// Hartmann S, Küng J, Chakravarthy S, et al. Database and Expert Systems Applications. Cham：Springer,2019, 11706:304-313.

[14]Sawadogo P，Darmont J. On data lake architectures and metadata management [J]. Journal of Intelligent Information System，2021,56：97-120.

[15]Miloslavskaya N，Tolstoy A. Big data，fast data and data lake concepts [J]. Procedia Computer Science,2016,88:300-305.

[16]李旭晖,于滔,李婷,等.一种面向演化的模式元数据描述机制[J].数据分析与知识发现，2020,4(1):76-88.

[17]刘科. 基于类核的流数据聚类及其演化研究[D].上海:东华大学,2022.

[18]刘良凤. 动态聚类算法及其应用[D].西安:西安电子科技大学,2019.

[19]李峰,李明祥,张宇敬.局部迭代的快速 K-means 聚类算法[J].计算机工程与应用,2020,56(13):63-71.

[20]蒋莉芳,苏一丹,覃华.迭代吉洪诺夫正则化的 FCM 聚类算法[J].计算机工程与设计，2017,38(9):2391-2395.

[21]胡馨元. 粗糙 K-means 增量式聚类算法及其在配电设备状态评估中的应用[D].南京:南京邮电大学,2022.

[22]杨梦思. 基于增量学习的聚类方法研究[D].成都:电子科技大学,2022.

[23]熊曙初,刘阳,胡文灿.基于 Lambda 架构的智慧社保数据融合模式研究[J].电脑知识与技术,2022,18(31):1-3,10.

[24]苏树鹏.基于 Lambda 架构的移动互联大数据平台架构的设计与应用[J].企业科技与发展，2016(6):66-68.

[25]Amr A M，Yasser AR I M. Data lake Lambda architecture for smart grids big data analytics [J]. IEEE Access,2018,6:40463-40471.

[26]Pal G，Li G，Atkinson K. Multi-agent big-data Lambda architecture model for e-commerce analytics [J]. Data, 2018，3(4):58.

[27]Liu Y，Liu F，Chen H. Adata space model and its application in intelligent manufacturing [J]. Journal of Industrial Information Integration，2017,7：48-57.

[28]Wu J，Yan Y，Yang Y. Multi-source heterogeneous data fusion for industrial big data analytics：A review [J]. Journal of Intelligent Manufacturing，2020,31(3)：589-604.

[29]郭忠文. 物联网系统设计开发方法与应用[M]. 北京:科学出版社,2017.

[30]郭忠文,刘超,王玺. 物联网工程设计与开发[M]. 北京:科学出版社,2022:185-189.

[31]IEEE Standards Association. IEEE Standard for Design Criteria of Integrated Sensor-Based

Test Applications for Household Appliances：IEEE Std 1851-2012 ［S］. New York：IEEE，2012.

［32］IEEE Standards Association. IEEE Standard for Interoperability of Complex Virtual Instruments for Internet of Things：IEEE Std 2735-2022 ［S］. New York：IEEE，2023.

第 2 章　基于制造业流程知识表达的数据空间管理技术理论架构

2.1　制造业知识图谱构建

制造业知识图谱分为模式层和数据层：模式层中存储高质量的知识，这些知识是从特定领域提取相应的实体和关系后建立的本体；数据层中存储具体的数据，这些数据是从知识领域内抽取的具体实例和关系。可以使用 OWL (ontology wed language，网络本体语言)定义实体以及实体之间的关系等丰富且复杂的知识，各类数据经过知识抽取和知识融合等步骤后被转换为 OWL 知识本体(简称 OWL 本体)，进而映射生成相应的资源描述信息模型，构建知识图谱。

2.1.1　结构化数据资源统一描述 OWL 本体自动构建模型

本节选择传统工厂现有的 MySQL 结构化数据库信息作为制造业结构化数据资源，自动构建资源统一描述 OWL 本体。目前传统的工厂，产线上各设备产生的有价值数据通过 RS-232、RS-485 或以太网等方式被采集存储至 MySQL 数据库中，例如一离散制造工厂可能将传送带的速度、激光传感器测得的距离等数据存在数据库中，用以监测产线设备运行状态。

MySQL 数据库内包含模式信息与数据信息，数据信息是每一行存储的具体数据,模式信息则主要与数据的组织结构有关,包括数据表、列字段、列的数据类型和外键。对于存储特定领域信息的数据库来说,其模式信息内的数据表用于描述特定对象,表内各列用于描述对象的各个属性,各列的数据类型(如整型、字符串型)则是对相应属性的值域限制。部分数据表还具有外键字段,外键用于建立该数据表与其他数据表的关联关系。

本节针对数据库的模式信息设计了结构化数据资源统一描述 OWL 本体自动构建模型。其中,各类数据库模式信息与 OWL 本体各元素(包括 OWL类、OWL 数据属性和 OWL 对象属性等)之间的转换关系设计如下。

①数据库中的实体表(ET)被映射为 OWL 类,该类以该数据表的表名命名。

②数据表内的列(C)中的非外键列被映射为 OWL 数据属性,该属性以该列的列名命名,属性的定义域为从当前表映射而来的类,值域为该列的数据类型。

③对于两个数据表 T 与 R,表 T 通过其外键列 FK 与表 R 相关联,该外键列被映射为 OWL 对象属性,该属性以该外键列的列名命名,属性的定义域为从表 T 映射而来的类,值域为从表 R 映射而来的类。

基于上述规则,设计工具软件实现了各类 MySQL 数据库模式信息到OWL 类、数据属性、对象属性等元素的自动映射,其所构建出的 OWL 本体可进一步用于自动构建知识图谱。

结构化数据资源统一描述 OWL 本体自动构建模型整体流程如图 2-1 所示,其中知识本体生成模块负责基于 MySQL 结构化数据库生成 OWL 本体描述文件。该模块首先解析获取 MySQL 结构化数据库的模式信息,如数据库包含哪些表、每个数据表内包含哪些字段、每个字段属于哪种数据类型等;然后基于这些模式信息,映射生成对应的 OWL 类、数据属性和对象属性等元素,创建OWL 本体描述文件。

2.1.2　非结构化数据资源统一描述 OWL 本体自动构建模型

非结构化数据资源统一描述 OWL 本体自动构建模型现阶段主要针对时序数据,该模型以 OPC UA(object linking and embedding for process control

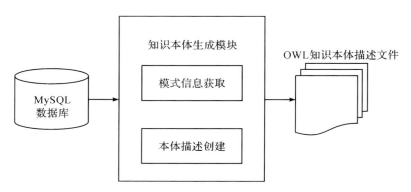

图 2-1 结构化数据资源统一描述 OWL 本体自动构建模型整体流程

unified architecture,开放性生产控制和统一架构)为桥梁,通过基于 OPC UA 的数据采集系统实现时序数据资源的统一描述。

对于现场采集的数据,将工业现场设备(如传感器、伺服控制器、机械臂等)通过 RS-232、RS-485、RJ45 等物理接口与边缘网关设备相连,采用串口通信协议、TCP/IP(传输控制协议/网际协议)、Modbus 通信协议(一种串行通信协议)等,按照供应商规定的数据格式与边缘网关进行通信。边缘网关中的异构数据解析模块以一定的时间间隔向现场设备发送遵循供应商规范的请求报文,例如向伺服控制器请求所控制电机的转速数据,并接收来自现场设备的响应报文;再将响应报文中的有效内容(如电机的转速数据)部分提取出来,并更新到指定的 TXT 文本文档中。然后该模块进一步解析获取其中的有效数据,将数据映射到 OPC UA 服务器地址空间内的节点中,实现对现场设备层异构性的屏蔽。最后该模型将 OPC UA 的信息模型映射为 OWL 本体资源描述。

OPC UA 信息模型中的对象类型节点对应 OWL 类(用于描述对象),其中的变量节点对应于 OWL 数据属性(用于描述对象的属性)。同时,该变量节点还通过 HasProperty 引用关联到该数据属性的定义域所对应的 OPC UA 对象类型节点,该变量节点值的数据类型即为数据该属性的值域。OWL 对象属性用于描述对象之间的关联关系,对应 OPC UA 信息模型中的引用类型节点。OPC UA 信息模型到 OWL 本体元素的映射规则如表 2-1 所示。

表 2-1　OPC UA 信息模型到 OWL 本体元素的映射规则

OPC UA 信息模型	OWL 本体元素
对象类型节点	类
变量节点	数据属性
节点值的数据类型	数据属性的值域
引用类型节点	对象属性

　　OPC UA 信息模型与 OWL 本体的信息组织方式十分相似,两者都通过实体、属性和关系来描述信息。如图 2-3 所示,将 OPC UA 信息模型中的伺服的对象节点、变量节点以及相应的引用映射为 OWL 本体中的电机 A 类及其数据属性——"工作状态"。

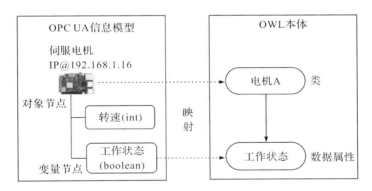

图 2-3　OPC UA 信息模型与 OWL 本体的信息组织方式示例

　　基于上述映射规则,实现了 OPC UA 信息模型到 OWL 本体的自动映射。OPC UA 信息模型到 OWL 本体的映射示例如图 2-4 所示,图中左半部分为 OPC UA 信息模型,可见制造生产线对象节点中包含了伺服电机和激光传感器对象节点;伺服电机对象节点下进一步组织了转速和工作状态变量节点;激光传感器对象节点下进一步组织了不同编号传感器的测量值变量节点,这些变量节点还具有相应的数据类型。图中右半部分为映射生成的 OWL 本体,其中包括 OWL 类、OWL 数据属性、OWL 数据属性的值域以及 OWL 对象属性。

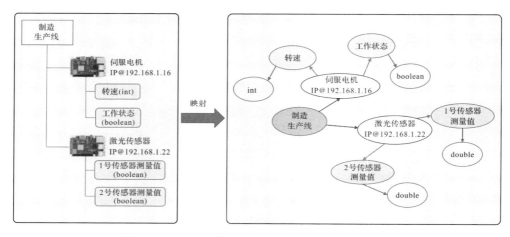

图 2-4　OPC UA 信息模型到 OWL 本体的映射示例

2.2　数据湖元数据模型及其建模方法

在大数据时代,数字化技术的发展使制造企业比以往更快速地生成大量的数据,这些数据包括结构化数据(如企业关系型数据库中的表等)、半结构化数据(如 CSV、日志、XML 和 JSON 文件等)、非结构化数据(如电子邮件、文档、PDF 文件等)和二进制数据(如图形、音频、视频等)。传统的数据仓库已不适用于现今海量异构复杂数据环境下的数据管理与分析。为解决这个难题,一种新的大数据分析解决方案——数据湖应运而生。数据湖是一种灵活、可扩展的数据存储和管理系统,它以原始格式接收和存储来自异构数据源的原始数据,并以动态的方式提供查询处理和数据分析。

主流的元数据分类方法有两种:第一种是根据元数据的功能分类[1],可分为技术元数据、操作元数据和业务元数据三个大类;第二种是根据元数据的描述领域分类[2],可分为对象内元数据、对象间元数据和全局元数据三个大类。在第二种分类方法基础上提出的数据湖元数据分类体系,是目前最为完整的数据湖元数据分类方法。它根据元数据的作用范围,将数据湖中的元数据分为三大类,即数据实体内元数据、数据实体间元数据以及全局元数据,如图 2-5 所示。数据实体内元数据是指与数据实体本身特征相关联的元数据,包含属性元数据、结构元数据、摘要元数据、数据更新版本元数据、数据演化版本元数据、语义元数据、区域元数据七类;数据实体间元数据是指描述数据实体之间关联关系的元数据,包含实体分组、相似链接、血缘关系三类;全局元数据是指作用于整个元数据模型或整个数据湖的元数据,包含语义资源、知识共享元数据和用户访问元数据三类。

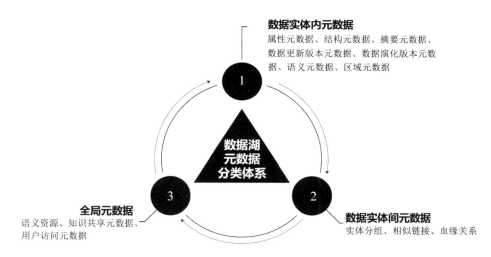

图 2-5　数据湖元数据分类体系

　　在数据湖元数据管理中,关键问题是如何以形式化的方法将元数据有序地组织起来,即元数据建模。现有的数据湖元数据模型主要分为三类:通用元数据模型[3-5]、DV(data vault)[6]模型和基于图的元数据模型[2,7-8]。然而这些数据湖元数据模型在实际应用过程中存在一些问题与不足。例如,通用元数据模型GEMMS[3]不支持非结构化数据的元数据管理,也无法提供对数据实体间元数据以及全局元数据的管理;Nogueira 等[6]提出的基于 DV 模型的数据湖元数据模型只考虑了部分数据实体内元数据的管理,并没有提供对数据实体间元数据以及全局元数据的管理;基于图的数据湖元数据模型 CODAL[7]只专注于对文本数据的元数据管理,并不支持对其他异构数据元数据的管理。

　　因此,本节在数据湖元数据分类体系的基础上,提出一种新的数据湖元数据模型 GADAL(galaxy metadata model for data lakes,数据湖的星系元数据模型)及其建模方法,简称星系模型。该建模方法克服了传统数据湖元数据模型通用性不强、数据湖元数据支持不完善的缺点,实现了对数据湖元数据的有效管理[8]。星系模型包括了恒星实体、行星实体、星链实体和彗星实体四种组件,如图 2-6 所示。

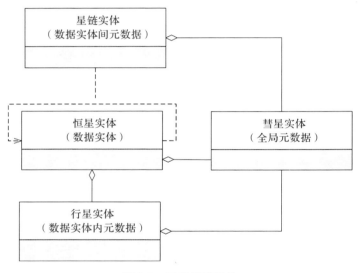

图 2-6　星系模型组件

　　①恒星实体表示不同数据实体类型的数据实体或数据实体集,使用恒星表进行数据存储。

　　②行星实体表示数据实体内元数据,使用行星表进行数据存储。行星表与恒星表通过外键相关联,一张恒星表连接七张行星表,以分别记录七种不同类型的数据实体内元数据,这七张行星表分别是属性行星表、结构行星表、摘要行星表、数据更新版本行星表、数据演化版本行星表、语义行星表和区域行星表。行星表内的重要属性有:数据实体 ID、行星 ID、数据来源和加载时间。其中数据实体 ID 以及行星 ID 两者形成行星表主键。

　　③星链实体表示数据实体间元数据,使用星链表以及星链子表进行数据存储。星链表会与恒星表相关联以记录数据实体间的关系,数据实体间元数据的

详细内容会存储于该星链表的对应星链子表中，一张星链表连接三张星链子表，以分别记录三种不同类型的数据实体间元数据，这三张星链子表分别是实体分组星链子表、相似链接星链子表和血缘关系星链子表。

④彗星实体用于表示全局元数据，使用语义参考彗星表、知识共享彗星表，以及用户访问彗星表进行数据存储。彗星表可与恒星表、星链表、行星表通过外键相关联。

星系模型的建模方法如图 2-7 所示。与现有的数据湖元数据模型相比，

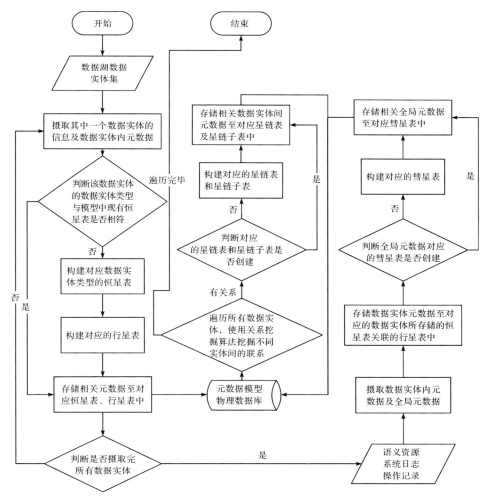

图 2-7　星系模型建模方法

星系模型通过将不同数据实体类型的数据实体及其对应的三大类元数据分开建模与存储,有效解决了元数据耦合的复杂性问题以及异构数据支持的问题。该模型的通用性与可扩展性更强,并且较以往的模型可支持管理的元数据类型更为丰富。星系模型组件的具体设定将在后文详细介绍。

2.3 数据湖元数据管理系统的构建

几十年来,制造企业一直在通过历史记录、MES(manufacturing execution system,制造执行系统)、ERP(enterprise resource planning,企业资源规划软件)、EAM(enterprise asset management,企业资产管理软件)等各种应用系统采集数据。制造企业数据的主要来源有两个,一个是智能设备,另一个是人类轨迹,制造企业产生的数据包括在现代工业制造链中的采购、生产、物流和销售等内部流程信息以及外部互联网信息等。这些数据多种多样,有结构化、半结构化和非结构化数据,具有多源异构特性,这对数据的存储、管理、处理、分析提出了挑战。本节针对制造业大数据管理问题中的数据湖元数据管理问题进行了研究,提出了元数据管理的模型,并开展了原型系统的研发。

2.3.1 数据湖通用元数据模型功能评估标准与元数据分类体系

过去几年,不少学者提出了自己的元数据管理方案,然而其中大部分并未给出方案的实现细节,例如方案 CoreKG[9] 和 Constance[10],因此这些元数据管理方案很难被复现和重用。针对这个问题,一些学者提出了更为理论化的方法,详细介绍了元数据在概念上组织的细节。该方法被称为元数据模型。元数据模型能为数据湖元数据系统的设计提供详细的指导,同时也能灵活地适应不同的数据湖用例。尽管有许多学者提出了自己的数据湖元数据模型,但这些模型的通用性依旧不足,数据湖的通用元数据模型构建依旧是一个悬而未决的问题。例如,GEMMS 模型只能对结构化或半结构化的生命科学领域的数据进行管理,而不能处理非结构化的数据;CODAL 模型只能对文本数据池的元数据进行组织管理。然而数据湖中往往会存储各式各样的数据,上述模型显然无法满足数据湖实际的数据管理需求。除此之外,数据湖中还存储着来自异构数据源的原始数据,这些数据没有经过严格的处理与转换,数据质量缺乏保证,且未经组织的原始数据也很难被用户提取出其潜在的价值。这就要求数据湖通用元数据模型提供更为丰富的功能以提高数据的可信度与可用性,进而帮助数据湖用户更加快速、便捷地从数据湖海量的数据中寻获符合自身需求的数据。

为满足数据湖实际的数据管理需求,本节提出了数据湖通用元数据模型应实现的功能,具体功能评估标准如图 2-8 所示。

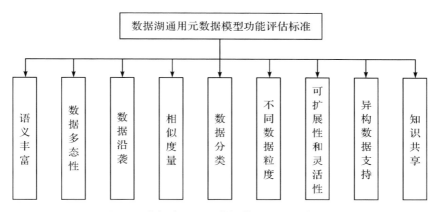

图 2-8　数据湖通用元数据模型功能评估标准

①语义丰富。该功能也被称为语义标注或语义分析。主要是指通过一些外部语义资源(如本体库、知识图谱、同义词典等)或者由语义专家手动对数据进行语义上的注释标注,使数据更易于解释和理解。对于数据湖而言,语义丰富功能极为重要。在语义丰富后,用户可以更容易地理解数据集的内容。此外,语义信息还可以作为生成数据之间关系的基础,例如拥有相同语义标签的两个数据可以被划分在同一组别中。

②数据多态性。该特性体现的是数据湖通用元数据模型存储同一数据不同表示版本的能力,能够表示数据湖区域架构中不同区域数据的处理程度。例如,文本文档可以表示为去除停用词的版本、词袋版本或是向量版本,以便之后的文本数据分析使用。在数据湖场景中,部分重构非结构化数据是必不可少的,以允许数据湖系统自动分析,同时存储相同数据的多个表示版本可以避免

重复预处理,从而加快数据分析速度。

③数据沿袭。该功能可以存储数据进入数据湖后的演化记录,形成数据对象的血缘关系图,从而让用户能更直观地了解数据的演化历程,以提高数据的可信度。用户还可以使用该功能查看其他用户与数据湖的交互信息(如数据创建、更新、下载和访问等操作)以及用户的操作记录,以便理解和解释数据中可能存在的不一致性。

④相似度量。该功能主要是通过一些基于语义、内容的相似度算法或者可连接性等相似关系,在不同数据间生成相似链接。对于数据湖而言,相似链接有助于数据推荐、数据查询、数据分析等功能的扩展,可以大大方便用户对数据湖的探索。

⑤数据分类。该功能可以将具有相同主题、语言类型或数据类型等特征的数据分类,这有助于减少后续用户在查询和分析操作过程中所需要读取的数据量。分类所依据的特征可能是数据本身带有的一些属性(如数据的语言或数据的格式),也可能是数据带有的一些语义标签。

⑥不同数据粒度。数据湖元数据模型需要具备在多个数据粒度级别收集元数据的能力。例如,用户对一个数据库表的分析可能会具体到列级或元组级,因此,实现对不同数据粒度级别元数据收集的支持,可以便于用户更灵活地对数据进行管理和分析。

⑦可扩展性和灵活性。可扩展性和灵活性体现了数据湖元数据模型对元数据管理需求变更的适应能力。在数据湖场景中,数据湖的数据量、数据的文件类型、数据来源等是在动态扩展的,因此用户对元数据的管理需求也会不断发生变化,这就要求数据湖元数据模型具有较高的可扩展性和灵活性,实现以低成本满足变更的需求。

⑧异构数据支持。该功能是数据湖元数据模型需要实现的基础功能之一。在数据湖场景中,数据湖中存储着多源异构的原始数据,不同文件类型数据的元数据会存在一些差异,因此数据湖元数据模型需要具备描述不同文件类型数据的元数据的能力。

⑨知识共享。该功能主要是为了解决以往数据湖使用过程中出现的一个痛点——每个数据湖用户在使用过程中都需要从零开始探索,无法借鉴其他用

户对此数据湖的使用经验。这导致用户对数据湖的数据利用效率降低,数据的价值无法很快被挖掘,用户的工作经常被重复。因此,能够支持用户间的知识共享对数据湖元数据模型而言也至关重要。

数据湖通用元数据模型的定义还涉及模型中所涵盖的元数据的类型。本节在提出数据湖通用元数据模型功能评估标准的基础上,构建了一种更为完善的数据湖元数据分类体系,该体系包括全局元数据、数据实体内元数据和数据实体间元数据。

2.3.2 数据湖通用可扩展元数据模型

在数据湖元数据管理领域的研究中,通用元数据模型的定义一直是一个比较核心的问题。尽管已经有诸多数据湖元数据模型被提出并进行了实验性应用,但是这些模型或多或少还是存在着一些问题与不足。

①大部分数据湖元数据模型只针对单一类型数据的元数据进行管理。然而根据数据湖的定义,数据湖中会存储多源异构的原始数据,仅针对单一类型数据的元数据模型显然无法满足数据湖实际的元数据管理需求。

②不同处理程度的数据通常会被存储在不同的数据湖区域之中。例如一个文本数据集在进入数据湖后,可能会经历一系列的数据更新和数据演化操作,形成多个数据版本,并存储在不同的数据湖区域之中。然而许多数据湖元数据模型仅聚焦于单一数据湖区域的元数据管理,无法实现对数据湖数据全生命周期的管理。此外,这些模型也无法清楚描述数据实体在数据湖中更新、演化的过程。

③数据湖元数据模型提供的元数据管理功能并不完备,不能很好地适应数据湖实际的元数据管理需求。例如,最为经典的数据湖通用可扩展元数据模型GEMMS 模型,虽然提供了语义丰富和数据分类等功能,但它不具备度量数据集间相似关系和挖掘数据湖元数据管理的具体基础功能需求的能力,也不能满足数据沿袭的相关需求。

为满足项目需求,解决现有工作的不足,基于前文所述的数据湖元数据分类体系中的三大类、十三种不同子类型的元数据,研究团队构建了一个新的数据湖通用可扩展元数据模型,即前文所述的星系模型。下面对星系模型组件做详细介绍。

(1)恒星实体

在星系模型中,使用恒星实体表示不同数据实体类型的数据实体,恒星实体是星系模型中的中心组件。如图 2-9 所示,在模型的具体实现中,使用恒星表存储数据,每一种数据实体类型对应一个恒星表。星系模型更多地关注元数据的管理,因此为了避免存储数据冗余,恒星表中会存储数据实体在数据湖中的存储路径,形成对物理文件的直接引用,而不会存储具体的数据内容。恒星表内的属性有:数据实体 ID,即恒星表的主键,用以记录数据实体在数据湖中的唯一标识信息;数据来源,即该数据实体的来源,可以是数据来源的描述,也可以是源系统访问链接;入湖时间,即数据实体加载进入数据湖的时间;数据实体名称,即数据实体在数据湖中的名称;存储地址,即数据实体在数据湖中的存储路径。

图 2-9　恒星表物理模型

(2)行星实体

在星系模型中,使用行星实体表示数据实体的数据实体内元数据。如图 2-10 所示,在模型的具体实现中,使用行星表存储数据实体内元数据。在星系模型中,每个恒星表都拥有七张行星表。恒星表中的每一条记录(实例)与一个或多个行星表中的记录(实例)关联,行星表分类保存着不同类型的数据实体内元数据。行星表共有七种类型,分别是属性行星表、结构行星表、摘要行星表、数据更新版本行星表、数据演化版本行星表、语义行星表以及区域行星表。行星表内的重要属性有：数据实体 ID，即恒星表的主键；行星 ID；数据来源，记录数据实体内元数据的来源；加载时间，记录数据实体内元数据加载进入行星表的时间。其中数据实体 ID 和行星 ID 两者形成行星表主键。七种行星表的可选属性如下。

图 2-10　行星表物理模型

①属性行星表：更新时间、源数据实体 ID、源数据实体名称、数据大小、数据拥有者、数据记录数、数据实体类型。

②结构行星表：更新时间、模式名称、属性名、属性类型、非空判断、字符集、主外键。

③摘要行星表：更新时间、模式名称、属性名、属性描述、数据分布、最大值、最小值、平均值。

④数据更新版本行星表：数据版本、更新操作时间、操作名称、执行用户 ID、父数据版本。

⑤数据演化版本行星表：数据版本、演化操作时间、操作名称、执行用户 ID、父数据版本。

⑥语义行星表：更新时间、语义标注内容、语义资源 ID、标注时间、执行用户 ID。

⑦区域行星表的可选属性有：更新时间、数据湖区域。

（3）星链实体

在星系模型中，使用星链实体表示数据实体的数据实体间元数据。如图

2-11所示,在模型的具体实现中,使用星链表以及星链子表存储数据实体间元数据。星链表会连接两个或多个恒星表,以记录数据实体之间的关系。不同的数据实体间元数据内容会存储在不同数据实体间元数据类型的星链子表中。星链表内的重要属性有:星链ID,即星链表的主键;数据实体ID,即与该星链表连接的恒星表的主键,是表的外键,一个星链表可能会有两个或多个数据实体ID;数据来源,记录数据实体间元数据的来源;加载时间,记录数据实体间元数据加载的时间。星链子表内的重要属性有:星链ID,即星链表的主键;星链子表ID;创建时间,即数据实体间关系创建的时间。其中星链ID和星链子表ID两者形成星链子表主键。不同类型的星链子表的可选属性如下。

①实体分组星链子表:集合标签、分组方法。

②相似链接星链子表:相似度、相似方法。

③血缘关系星链子表:父实体ID、子实体ID、操作。

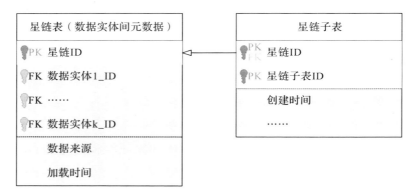

图 2-11 星链表及星链子表物理模型

(4)彗星实体

在星系模型中,使用彗星实体表示全局元数据。在模型的具体实现中,使用彗星表存储全局元数据。彗星表会与恒星表、行星表或星链表连接,例如知识共享彗星表会与恒星表连接以记录用户对该数据实体的认知或使用经验。针对不同的全局元数据,本节设计了不同的彗星表以更好地实现对全局元数据的存储管理。

①语义参考彗星表。如图 2-12 所示,使用语义参考彗星表存储语义资源。

语义参考彗星表的重要属性有:语义参考彗星 ID,即语义参考彗星表的主键;
数据来源,记录语义资源的来源,通常是一个 URL(uniform resource locator,
统一资源定位符);加载时间,记录语义资源加载的时间;语义资源名称;描述,
提供语义资源的详细描述。

图 2-12　语义参考彗星表物理模型

　　②知识共享彗星表。如图 2-13 所示,使用知识共享彗星表存储知识共享
元数据,用户在对数据湖中数据实体进行探索的过程中所产生的认知经验都可
以存储在知识共享彗星表中,以便后续其他用户使用时能更快了解其所接触到
的数据实体。知识共享彗星表内的重要属性有:知识共享彗星 ID,即知识共享
彗星表的主键;数据实体/行星/星链 ID,即与该知识共享彗星表连接的恒星/
行星/星链表的主键,是表的外键,一个知识共享彗星表可能会有一个或多个数
据实体/行星/星链 ID;数据来源,记录知识共享元数据的来源;加载时间,记录
知识共享元数据加载的时间;用户 ID,即发起知识共享的用户的 ID;共享创建
时间,记录知识共享创建的时间;评述,记录用户对数据实体的相关认知评述。
知识共享彗星表的可选属性有:探索操作、探索工具、探索结果。
　　③用户访问彗星表。如图 2-14 所示,使用用户访问彗星表存储用户访问
元数据。用户访问彗星表内的重要属性有:用户访问彗星 ID,即用户访问彗星
表的主键;数据实体 ID,即与该用户访问彗星表连接的恒星表的主键,是表的
外键;数据来源,记录用户访问元数据的来源;加载时间,记录用户访问元数据
加载的时间;访问 IP,记录访问用户的 IP 地址;访问时间,记录用户访问数据实

体的时间;用户 ID,即访问用户的 ID。

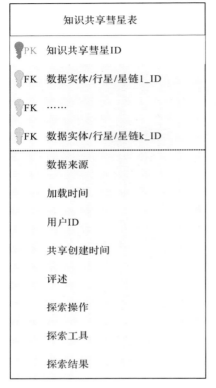

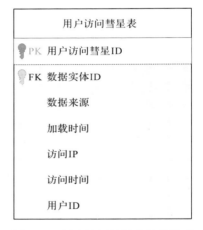

图 2-13　知识共享彗星表物理模型　　　　图 2-14　用户访问彗星表物理模型

　　上述组件的物理模型仅展示了组件中所必需添加的重要属性,而不同数据实体类型的数据实体自身的数据特征存在差异,这导致不同数据实体类型的数据实体的元数据属性也会存在差异,因此在实际模型的构建中,应根据不同数据实体类型的数据实体的特点,设计带有不同元数据属性的模型组件,以满足用户对异构数据元数据的管理需求。

　　为了验证星系模型的通用程度,采用 2.3.1 中提出的数据湖通用元数据模型功能评估标准对其进行评估,如表 2-2 所示。从表中可以看出,星系模型满足数据湖通用元数据模型功能评估标准的所有评估维度的要求。

表 2-2　星系模型通用程度评估

元数据模型	语义丰富	数据多态性	数据沿袭	相似度量	数据分类	不同数据粒度	可扩展性和灵活性	异构数据支持	知识共享
GADAL	√	√	√	√	√	√	√	√	√

2.3.3　数据湖元数据管理系统的设计与实现

上文通过数据湖通用可扩展元数据模型——星系模型,构建了数据湖元数据管理系统,以便用户对数据湖数据进行认知与探索。而为了实现对数据湖的高效管理,数据湖元数据管理系统需要满足以下元数据管理需求:

①支持数据湖异构数据的元数据摄取;

②支持异构数据的管理与溯源;

③为数据湖元数据管理以及数据湖用户提供尽可能丰富的功能;

④当数据湖中的数据量及数据实体类型发生变化时,元数据模型能以低成本有效扩展。

数据湖元数据管理系统采用 B/S 结构(浏览器/服务器模式)开发,其系统架构如图 2-15 所示,后端开发主要基于 MVC(model-view-controller,模型－视图－控制器)模式,采用 SpringBoot(后端框架)集成 SSM(Spring＋SpringMVC＋MyBatis,后端技术选型)框架进行,同时使用 Maven 管理第三方库。此外,本节使用 PostgreSQL 数据库实现了星系模型,并将元数据管理系统中的各类元数据存储在 PostgreSQL 中。

数据湖元数据管理系统的前端开发采用了 Vue(前端框架),其页面中的 UI(user interface,用户界面)组件使用的是 Element UI(用户界面框架)组件库,图表组件则使用了开源的 Echarts 可视化库。

数据湖元数据管理系统主要由三个功能模块构成:数据源导入与浏览、数据库元数据管理、数据实体元数据管理。

数据源导入与浏览模块的主要功能是向数据湖中导入各种异构的数据源,目前支持的数据源有 MySQL、PostgreSQL、DB2、Oracle、Hudi、CSV、EXCEL 等,如图 2-16 所示。数据源导入页面用于配置数据源的连接信息、用户描述与

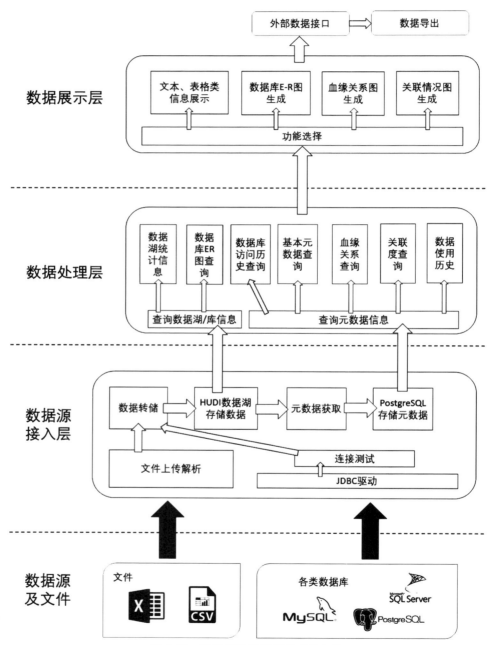

图 2-15 数据湖元数据管理系统架构

备注、自动更新时间等,用户提交后该模块将向数据湖导入该数据源并自动解析生成数据实体元数据信息,如图 2-17 所示;数据源展示页用于向用户展示各数据源的连接状态、基本信息;数据湖的统计信息页面用于展示整个数据湖的空间占用统计与不同类型的数据源所占空间变化情况。

图 2-16　数据源导入与浏览模块

图 2-17　数据源导入页面

　　数据库元数据管理模块的主要功能是向用户展示选定的数据源或数据库的基本信息、连接信息、元数据信息、数据库关系模式与访问历史,如图 2-18 所示;数据库关系模式页面用于展示该数据库的关系模式,管理员用户可自由编辑并保存该数据库的关系模式,如图 2-19 所示;数据库访问历史页面记录了不同用户对该数据库的访问历史,如图 2-20 所示。

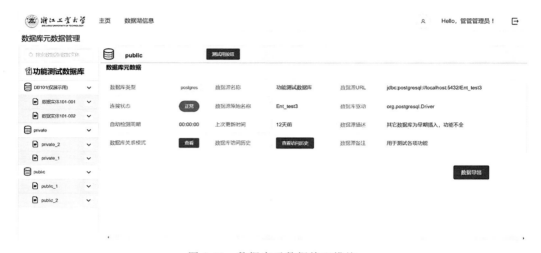

图 2-18　数据库元数据管理模块

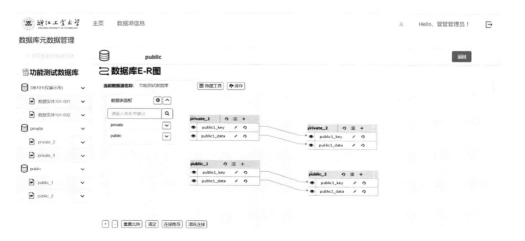

图 2-19　数据库关系模式页面

图 2-20　数据库访问历史页面

　　数据实体元数据管理模块的主要功能是向用户展示选定的数据实体的基本元数据信息、数据使用历史与数据实体的血缘关系，以及数据使用历史与其他数据实体的数据关联，如图 2-21 所示。血缘关系页面展示了该数据实体的血缘关系，即数据的演化历史，如图 2-22 所示；数据关联页面展示了该数据实体与其他相关数据实体之间的关联程度；数据使用历史页面记录了不同用户对该数据实体的使用与操作历史，如图 2-23 所示。

图 2-21　数据实体元数据管理模块

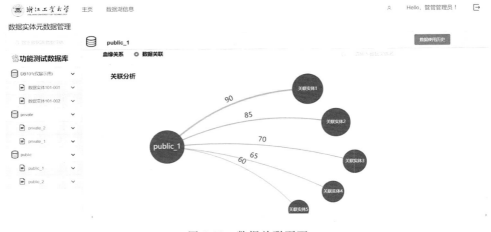

图 2-22　数据关联页面

图 2-23　数据使用历史页面

2.3.4　基于 Apache Hudi 架构的数据湖可视化管理

数据湖的可视化管理主要包括基于 Apache Hudi(后简称 Hudi)架构的数据湖存储系统构建、数据湖元数据提取与管理、元数据图数据库建模,以及数据湖可视化界面展示等。数据湖是一种不断演进的且可扩展的大数据存储、处理、分析的基础设施。它以数据为导向,能够实现任意来源、任意速度、任意规模、任意类型数据的全量获取、全量存储、多模式处理与全生命周期管理,并通过与各类外部异构数据源的交互集成支持各类企业级应用。

2.3.4.1　基于 Hudi 架构的数据湖存储系统

Hudi 数据湖存储系统对分析型业务进行了扫描优化,它能够使分布式文件系统上的数据集在分钟级的时延内支持变更,也支持下游系统对该数据集的增量处理。Hudi 主要提供以下功能:

①支持使用索引方式 upsert(更新插入);

②以原子方式操作数据并支持回滚;

③对写入和查询指令使用快照并进行隔离,以保证数据的一致性;

④savepoint(用户数据恢复的保存点);

⑤管理文件大小,使用统计数据布局;

⑥支持对基于行、列的数据进行异步压缩;

⑦支持对时间轴元数据进行数据血缘追踪。

Hudi 使得用户能在 Hadoop 兼容的存储上存储大量数据,同时它还提供两种原语,不仅可以在数据湖上进行批处理,还可以进行流处理。Hudi 使用细粒度的文件/记录级别索引来支持 update/delete(更新/删除)记录,同时还提供写操作的事务保证,查询操作会处理最后一个提交的快照,并基于此输出结果。对于变更流,Hudi 支持获取数据变更,可以从给定的时间点获取给定表中已 updated/inserted/deleted(更新/插入/删除)的所有记录,并对其增量流进行查询。

Hudi 的基础架构通过 DeltaStreammer(工具类)、Flink(分布式处理引擎)、Spark(集群计算系统)等工具将数据摄取到数据湖存储,数据存储支持 HDFS(分布式文件系统)、S3(对象存储服务)、Azure(云存储)等,同时 Hudi 还支持 Spark、Flink、Presto(分布式 SQL 查询引擎)、Hive(数据仓库工具)、Impala(开源工具)、Aliyun DLA(云原生数据湖分析)等不同的查询分析引擎和 Spark、Flink、MapReduce(分布式运算程序框架)等计算引擎对 Hudi 的数据进行读写操作。

Hudi 表的数据文件一般使用 HDFS(Hadoop 分布式文件系统)进行存储,一个 Hudi 表的存储文件分为两类。①hoodie 文件:由于 CRUD(创建、读、更新和删除)的零散性,每一次的操作都会生成一个文件,这些小文件达到一定数量后,会严重影响 HDFS 的性能,对此 Hudi 有一套文件合并机制,且. hoodie 文件夹中存放了对应的文件合并操作相关的日志文件。②Hudi 真实的数据文件:使用 Parquet 文件格式存储,其中包含元数据文件和 Parquet 列式存储的数据文件。Hudi 表的元数据以时间轴(timeline)的形式将数据集上的各项操作元数据维护起来,用以支持数据集的瞬时视图查询,各项操作元数据存储于根目录下的元数据目录。另外,Hudi 通过索引机制提供高效的 upsert 操作,该机制会将一个"记录键+分区路径"组合一致性地映射到一个文件 ID,这个记录键和文件组/文件 ID 之间的映射自操作记录被写入文件组后就不会再改变。

基于 Hudi 架构的数据湖存储系统可以有效地存储和管理制造业的结构化数据、半结构化数据、非结构化数据以及二进制数据等原始数据,并可应用于数据可视化、可视分析、机器学习等任务。

2.3.4.2 数据湖的可视化界面

为了更好地展示数据湖数据管理情况,方便用户操作,本节基于 SpringBoot开发了数据湖可视化平台界面,采用 SpringBoot+Spark 框架对数据湖的存储数据进行计算分析。得益于 SpringBoot 对 Spark 的集成以及数据湖对 Spark 的支持,在 SpringBoot 项目中我们可以很方便地对数据湖的数据进行提取分析。在计算存储空间大小时,对于半结构化数据和非结构化数据这类容易计算存储大小的数据,可在写入文件时添加一个 size 字段来记录该文件的大小;对于结构化数据这类不方便计算和记录存储空间的数据,可连接用于存储数据湖表的 HDFS,通过 HDFS 提供的接口直接获得存储该数据底层文件的存储占用空间,进而计算结构化数据的存储占用空间。结构化数据的存储占用空间信息主要包括以下几个部分。

①数据湖存储空间的使用情况。如图 2-24 所示,图中显示了结构化、半结构化和非结构化数据的占用情况,点击内圆的某一类型数据后,外环会随之显示该大类中各类型数据占用情况,图中外环展示的是非结构化数据中的视频、音频和图片的占用情况。可视化采用 Apache Echarts(可视化库)进行图表回执,旨在分析数据湖中不同类型的数据,并对其存储情况进行可视化展示。

②各类数据存储空间占用情况的时间变化。这能够方便用户根据特定的时间查看相应的数据湖存储空间利用效率,对于数据存储空间的维护、提高数

存储空间占用情况

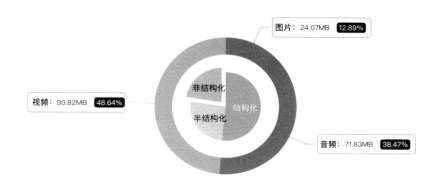

图 2-24　数据湖数据存储空间的使用情况

据查询效率、快速排除系统错误有着重要作用。如图 2-25 所示,可视化界面能够显示近七日各类型数据的占用情况,为了提升前端获取数据的速度,此处为系统添加了一个定时器,在每天的 23:50 记录当天各类数据的存储空间占用情况。

③为了使用户操作更加方便,系统还将对各类数据进一步细分。如图 2-26 所示,图中展示了设计、生产、管理和服务环节的数据在非结构化数据(图像、视频和音频)中各自所占的存储空间大小,该图会随着饼状图的变化而变化,展示结构化、非结构化和半结构化数据的具体占用情况。

④词频系统通过构建词云图对数据湖存储的文本类数据进行分词分析来获取词频,并通过 Echarts-WordCloud(词云可视化库)将词频可视化,词云图能够更直观地反映出具体文本的内容,如图 2-27 所示。

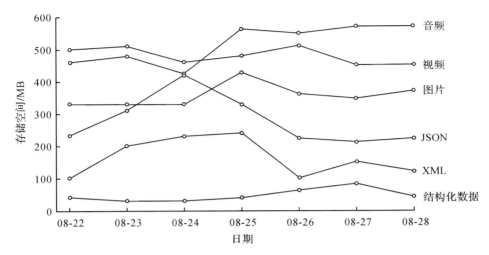

图 2-25　七日内数据湖各类数据的存储空间占用情况

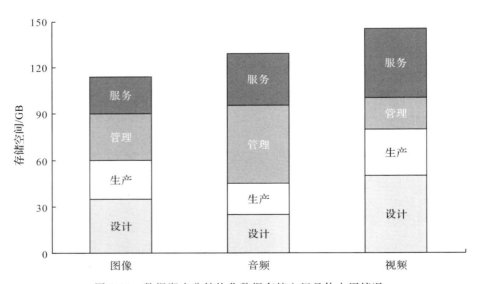

图 2-26　数据湖内非结构化数据存储空间具体占用情况

图 2-27　基于数据湖内文本数据构建词云

2.3.4.3　数据湖元数据提取与管理

元数据(metadata)是为了有效解决数据资源检索中存在的问题而产生的。元数据的本质含义是关于数据的数据,它用来描述原始数据的特征和属性。元数据的管理是数据湖管理的关键,有效的元数据提取和管理能获取制造业数据中的关键信息,进而将这些信息应用并产生价值。元数据信息主要包括数据的属性信息(如文件的名称、大小、格式、位置及最后修改日期等)、文件的描述信息、版本和表示元数据、语义元数据(描述对象中数据含义的注释)等。

2.3.4.4　元数据图数据库建模

存储在数据湖中的各种制造业数据存在一定的联系,图数据库 Neo4j 可以将数据湖中数据的元数据信息以属性的形式存储在节点和关系中,如图 2-28 所示。在图数据库中,节点是主要的数据元素,它可以通过关系连接到其他节点,并且节点可以具有一个或多个属性和标签,属性和标签用来表示数据的元数据信息;属性是用于描述节点和关系的键值对;关系用来连接两个节点,是两个节点之间的关系信息描述。

采用 Neo4j 对元数据图数据库进行建模,可以使数据的插入和查询操作更加直观,且 Neo4j 提供的图搜索和图遍历算法大大提高了查询的效率。

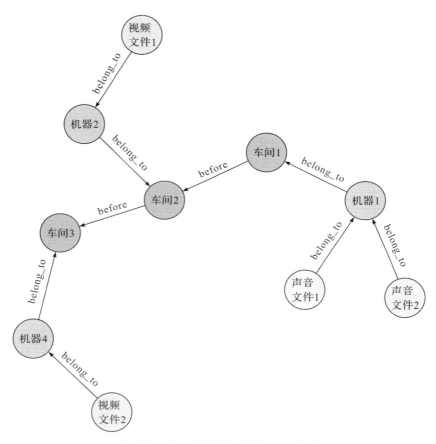

图 2-28　图数据库的元数据信息存储

2.4　制造业机器测量的参数管理

产品质量检测是制造业生产中必不可少的一环,它可以有效降低残次品流通率,避免质量问题给企业带来的形象损害和经济损失。传统的产品质量检测方式主要为人工检测,不仅检测效率低下,且易对检测物品产生损伤。而机器视觉测量凭借高效率、高精度和无损伤等优点,逐渐取代了传统的人工检测。同时,随着硬件(如摄像头和镜头等)成本的降低,越来越多的小微企业和个人用户采用自动化机器视觉测量。机器视觉测量已经成为智能工业化的重要推动力。

然而制造业中需要检测的物体种类繁多,从结构简单的五金零件到结构复杂的电路板,都可以是检测的目标。对于不同的检测目标,视觉工程师需要结合其特征、精度要求和预算成本设计合理的视觉方案。视觉方案通常包括三个部分:硬件的选择、打光方案的设计和视觉软件的开发。硬件决定了一个项目的下限,它取决于测量精度和项目成本,例如测量精度越高的项目需要分辨率更高的相机。一个良好的打光方案可以使检测目标的边界与背景之间的差异更明显,便于后续的检测。在视觉软件的开发过程中,参数优化费时费力,需要经验丰富的工程师进行反复尝试。并且,参数组合的多样性、不同参数重要性的差异,以及参数间关联的复杂性都增加了调参的难度。在实际项目中,对于物体不同姿态的一组图像,工程师会设置算法参数,执行算法并检查输出,然后不断重复这个过程,直到所有测试图像的结果都令人满意;当遇到复杂的检测目标,并且难以在一组图像中取得满意结果时,工程师会不断调整打光方案,重新拍摄图像并重复执行上述过程。当所有测试都通过后,工程师即可将调试好的算法和参数应用于相机在实际工作环境中所拍摄的大量图像。而对视觉测量中的参数进行管理,可以帮助工程师有效解决调参烦琐的问题。

为了解决上述视觉测量中调参困难的问题,研究团队采用参数空间可视分析方法,结合参数空间采样和可视分析技术,提出了一个完整的机器视觉测量参数管理可视分析流程如图 2-29 所示,以及一个交互式可视分析系统

VMExplorer帮助用户管理测量参数。在该流程中,研究团队对不同的测试图片进行分类,并调试各自相应的参数组合。为此,本节引入了集合论,并提出了基于参数组合频率的权重雅卡尔指数(weighted Jaccard Index,记为 J),通过图片之间参数组合的关系来衡量图片之间的关系。

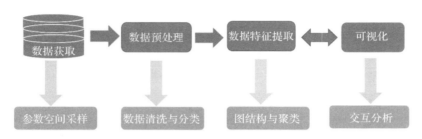

图 2-29　机器视觉测量参数管理可视分析流程

(1)参数空间采样

对于视觉测量算法,首先选择要研究的参数,并确定参数的最小值、最大值和步长,然后进行参数空间采样,研究团队将对每张测试图片在后台运行算法,得到一个相应的参数集合及其算法运行结果。参数集合由不同的参数组合构成,每个参数组合都是算法的一种参数设置。然后按照算法的执行结果对参数集合进行初始分类,将其分为三部分:算法运行失败(F)、算法运行成功但结果不在精度范围内(S_O)、算法运行成功且结果在精度范围内(S_I)。

(2)图片关系分析

计算所有图片两两之间的 J,得到一个衡量图片关系的图结构,随后对图结构进行谱聚类并可视化初始分类结果。该图结构的每个节点表示一张图片和它相应的 S_I 数据,节点之间的边是 J。如式 2-1 所示,权重 w 反映了某一个参数组合出现的频率,出现次数越多的参数组合,其重要性越高。P_i 和 P_j 是两个参数集合,P_i 和 P_j 的交并集指集合论中的交并集。

$$J(P_i, P_j) = \frac{|\{w \cdot e \,|\, e \in P_i \bigcap P_j\}|}{|\{w \cdot e \,|\, e \in P_i \bigcup P_j\}|} \tag{2-1}$$

随着图片数量的增多,边的数量也会增加,这不仅影响初始的分类效果,也会造成视觉上的混乱。因此本节提出了两种相互结合的方式对边进行过滤。方法 1 是计算每个图像与其他所有图像的 J,然后对结果向量降序排序,并取

前 p 的边(在本项目的实验中 $p=30\%$)。但对于较小参数集合计算的边,该方法无法有效地选取合适的边,因为在指标的计算中分母起着决定性作用。方法 2 的计算标准是两个参数集合交集的绝对大小,它能避免方法 1 造成的有意义的边无法被选取的情况。如图 2-30(a)所示,图中的初始分类结果使用了所有边,有两个参数集合被单独分为了一类,而还有一个类有较多的边,造成了视觉混乱。如图 2-30(c)所示,图中的结果为使用两种边过滤方式后,其中被圈出的参数集合 15 具有了更多的连接,这表示它不是导致该类公共解集为零的因素,而这仅用如图 2-30(b)所示的方法 1 是无法体现的。

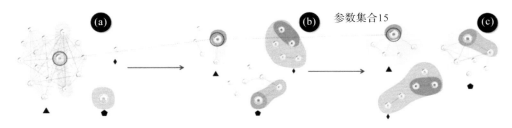

图 2-30　不同的边过滤方式及其初始分类结果

（3）参数空间探索

本节开发了可视分析系统 VMExplorer 进行参数空间的探索,如图 2-31 所示。该系统由五个协同的视图组成。基本信息视图(a)展示了所有必要的信息,包括图像、参数数量及其取值和目标算法。用户可以上下滑动观察左侧的图像集,并根据经验确定初始分类数量。图像类视图(b)展示了图像关系和类信息。每个类都有唯一的图例,且类之间用 bubble(气泡)进行视觉上的区分,类内也按照参数集合的大小用 bubble 进行划分。每个类的参数集合的数目显示在页面最下方。图(b)中的环形可视化设计为 Glyph,每个 Glyph 对应一个参数集合,用户可以拖动 Glyph 改变其所属的类,或者新建类,也可以框选部分 Glyph 在参数集合交集视图中观察其交集情况。参数视图(c)通过基于矩阵的折线图展示了不同参数之间的关系。用户可以点击上方的参数,交换参数顺序,重新选择要进行比较的参数。通过该视图,用户可以发现不同参数之间的变化关系和各参数的重要程度。顺序视图(d)通过树的方式展示了交集顺序。叶子节点代表单一的参数集合,父节点代表子节点参数集合的交集,其中断点

(参数集合首次为空的点)将在页面中高亮显示。参数集合交集视图(e)通过基于像素的图像和热力图展示图片组交集过程中参数集合的变化。用户可以选择不同的交集顺序,观察中间结果并做出更细致的分类。

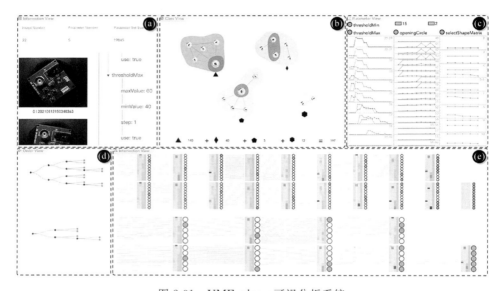

图 2-31　VMExplorer 可视分析系统

2.5　智能制造知识图谱应用构件开发

制造业体系庞大、场景丰富、产品类型多、定制化程度高,其数据具有体量庞大且知识结构复杂的特性,其中存在事理知识如工序流程和工艺制造知识等,也存在大量的定量知识。事件之间存在着大量的事理逻辑关系,而不同角色本体构造提出的需求也不尽相同。

研究团队基于.Net MVC 架构开发了 B/S 结构的智能制造知识图谱综合应用系统。该系统采用面向对象的编程思想,基于面向服务(SOA)松耦合架构的设计理念,形成.NET MVC 基础架构之上的智能制造综合应用系统的架构。该架构充分体现了分层设计的思想,将系统功能按完成具体任务的不同分类封装成四层:用户层、表示层、业务层和数据层,这种架构能使系统易于复用、扩展和维护。

用户层:用户访问系统的入口。系统用户通过各种浏览器(IE、Firefox、Chrome 等)访问后端服务器数据,前端采用 d3.js(可视化库)在浏览器页面上绘制 Neo4j 中的节点—关系—属性图。

表示层:包括.Net MVC 的 controller(控制器)和 view(视图),负责接收浏览器端用户发送的请求,并将查询计算结果以网页的形式回传到用户层。

业务层:包括 Neo4j Community Drivers(图数据库驱动)和.Net MVC 的 model(模型)。前者是.Net 架构下与 Neo4j 的连接引擎,后者实现将 Cypher 语言查询到的数据封装成 C♯类。

数据层:包括图数据库 Neo4j 中存储的智能制造数据和数据之间的关系,Oracle 中存储的登录用户的信息和操作权限,MinIO 中存储的图片、工件的图纸图片和数控程序等。

智能制造知识图谱综合应用系统由五个功能模块构成,如图 2-32 所示,分别是:数据管理,用于对 Neo4j 中的节点和关系,以及 MinIO 中的图片、文档等非结构化数据进行维护;知识图谱可视化,用于使数据和数据之间的关系可视化;标准查询,用于查询中国、美国、日本、德国的智能制造行动计划指南;工艺路线管理,用于维护家电制造与维修的工艺路线,建立一种新的工艺路线确定方案;系统管理,用于管理登录用户及其访问权限。

系统的数据管理采用分离式存储方案,三元组数据存储于 Neo4j,MinIO 存储非结构化数据,如电路的图片,器件、工件的 2D 和 3D 模型图等,Oracle 存储管理登录用户基本信息和权限数据。

本系统以国际主要智能制造标准为基础,构建的智能制造知识图谱已初具规模。

本节在《中国制造 2025》、美国国家标准与技术研究院(National Institute of Standards and Technology,NIST)的智能制造系统标准、日本工业价值链参考架构(industrial value chain reference architecture,IVRA)和德国工业 4.0 参考架构模型四大标准的基础上,以《中国制造 2025》中所列的关键词为依据,

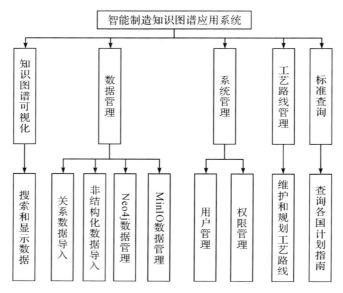

图 2-32　智能制造知识图谱应用系统

例如汽车、机械、航天、云计算、大数据等，从 Wikidata（维基数据）网站爬取知识来扩充知识图谱的知识库。目前爬取的关键内容包括工具、材料、机械元件、机器人、系统和过程等，数据集共有 1562 类，实体数量 11674 个，具体数据情况如表 2-3 所示。

表 2-3　数据情况

类别	数量
实体	11674
关系数量	8
三元组数量	52948

实体间的具体关系如表 2-4 所示。

表 2-4　实体间关系解释

关系名	关系解释
described_by	实体描述来源
has_GNDID	GNDID(数据标识)
has_catetory	所属类别
has_freebaseId	freebaseId(数据标识)
has_part	组成
has_quality	涉及的变量
has_use	用处
subClass of	所属领域

　　这些实体通过各种关系构成了一张巨大的网状知识结构图,该知识结构图表达了家电制造与维修中工序和材料等要素之间丰富的语义关联。工艺流程管理模块的作用就是依据每个工作人员的个性化需求构建查询,快速获取相关数据,并将其可视化展现,使工作人员能够直观地发现这些数据之间的关联关系。该模块还能随后续数据的扩充将融合事理知识图谱进行推理,指导工艺流程的规范与改进,同时它也可扩展至更多的细分领域工艺流程的应用。

　　目前研究团队已经完成了知识图谱的智能问答系统的设计,该系统可通过快速搜索和推理关系中的趋势、异常和共性更好地组织、管理和理解制造业体系的内部联系,将知识转化为决策依据,破除产品封闭式的重复研发实现创新,进行全流程多方面的协调管控,提高制造流程中企业预见和解决问题的能力,提升企业资源管理能力、生产效率和产品质量。

　　传统智能问答的解决方法是单独从知识图谱或者文本中推断出答案。而本节研发的智能问答创新性地采用了一种新颖的多跳图关系网络模型,利用图神经网络通过在实体之间传递消息来编码结构化信息,同时为了进一步使模型具有显式建模关系路径的能力,设计算法将图网络分解为路径。算法也采用了长短期记忆(long short-term memory,LSTM)网络对限定连接长度的问题实体和答案实体的所有路径进行编码,然后通过注意力机制聚合所有路径嵌入来预测结果。

具体数据搜集思路为：智能制造知识图谱应用系统以《中国制造 2025》中所列的关键词为依据，如汽车、机械、航天、云计算、大数据等，从 Wikidata 网站爬取知识来扩充知识图谱的知识库。例如系统查询出 bearing 是 machine element（机械要素）的子类，那么就以 machine element 为限制条件查找 subClass of（子类）值为 machine element 的数据。bearing（轴承）在 Wikidata 中的说明如图 2-33 所示。知识图谱示例如图 2-34 所示。

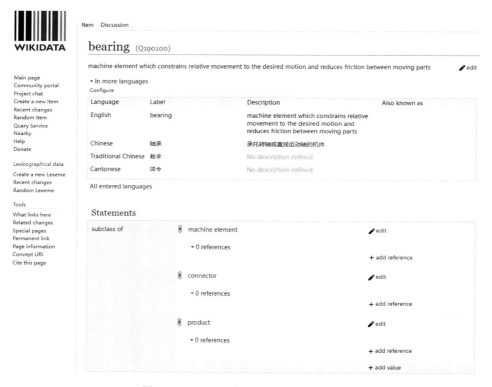

图 2-33　bearing 在 Wikidata 中的说明

同时，研究团队完成了基于工业制造知识图谱的智能问答系统开发。问答系统测试记录如下。

①Q：what are the uses of the terms described by [*Granat Encyclopedic Dictionary*]（《格拉纳特百科词典》所描述的术语的用途是什么）

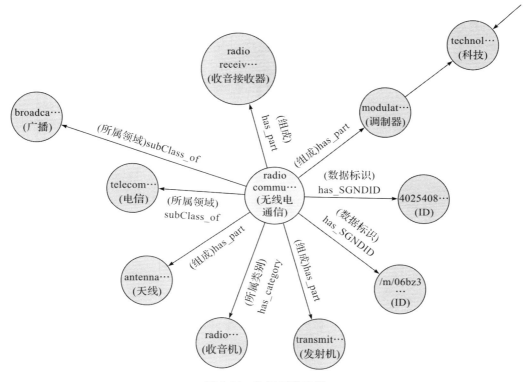

图 2-34　知识图谱示例

A：shock absorber（避震器）

②Q：what are the uses of the terms described by ［*Explanatory Dictionary of the Living Great Russian Language*］（《俄语活用词典》所描述的术语的用法是什么？）

A：riveting｜pleasure｜refrigeration｜recycling｜cutting｜stabbingweapon｜throwing weapon｜collection（铆接｜愉悦｜制冷｜回收｜切割｜刺杀武器｜投掷武器｜收藏）

③Q：the term described by ［Coulomb friction］were in which category（［库仑摩擦力］所描述的术语属于哪个类别）

A：normal force（法向力）

二跳问题的示例如图 2-35 所示,一个问题的答案数量≥1,"|"为答案分隔符,目前制作的数据集均为二跳问题。

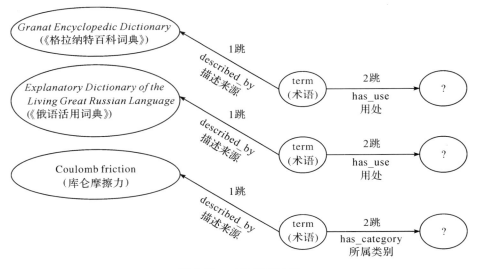

图 2-35　二跳问题示例

2.6　知识图谱的因果关系管理

高维制造业数据中维度之间存在复杂的相互作用的因果关系,通常采用相关性方法来间接检测维度之间的因果关系。但相关性不等同于因果关系,相关性揭示了事物之间的关联关系,而因果关系揭示了事物之间更深层次的促发、依赖和影响关系。挖掘高维制造业数据中维度之间的因果关系信息、探索事物发生机制能够帮助相关工作人员做出决策。在探索和挖掘高维制造业数据中维度之间的促发、依赖和影响关系时,常采用因果关系分析的方法。因果关系分析的目的是通过观察数据推断事物产生的原因和结果。

Granger 因果关系检测方法因其具有较强的可解释性成为应用最广泛的方法。它能够评估制造业数据中两个维度之间是否存在相互作用的因果关系。

Granger 因果测试的结论是统计推断,它能推断出维度 X 对维度 Y 的预测是有帮助的,但不能确定 X 和 Y 是否具有因果关系。所以还需要采用数学统计检测方法(如 F-test)来得到判断维度之间的因果关系。高维制造业数据维度之间的因果关系推断的结果为一个因果图,该因果图实质上是一个知识图谱,通常采用有向无环图(directed acyclic graph,DAG)表示 $G=(V, E)$,其中 V 代表节点(表示一个维度),E 代表边(表示两个维度之间存在因果关系),箭头的方向表示因果关系的方向。因果图提供了一种直观表示和更好地理解因果关系、偏差等关键概念的方法,可以用于标记因果顺序。由于自动的因果关系检测算法不是完全正确的,所以这里引入了交互式因果关系可视分析,将人类经验和见解加入因果分析中,提高制造业数据维度之间因果关系分析的灵活度和精确度。

　　高维制造业数据的因果关系可视分析流程如图 2-36 所示。首先传感器对制造业数据进行采样,然后通过数据清洗和处理获得各个维度的时序特征。接下来将数据输入到因果推断模型中,得到因果图。相关工作人员再根据对数据的理解调整模型参数,以及凭借日常经验对部分维度之间的因果关系进行局部修正。以下为流程的具体步骤介绍。

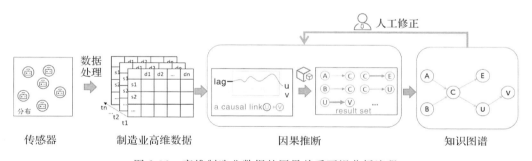

图 2-36　高维制造业数据的因果关系可视分析流程

(1)数据处理部分

　　本节将数据组织成高维数据集 $S=\{s_1, s_2, s_3, \cdots, s_n\}$,其中 $S_i=\{(t_1, \boldsymbol{e}_1), (t_2, \boldsymbol{e}_2), (t_3, \boldsymbol{e}_3), \cdots, (t_j, \boldsymbol{e}_j)\}$,$(t_j, \boldsymbol{e}_j)$ 表示传感器 i 在 t_j 采样时刻的采样数据为 $\boldsymbol{e}_j$,其中 $\boldsymbol{e}_j=(v_1, v_2, \cdots, v_i, \cdots, v_n)$ 为一个向量,v 表示维度。数据集 S 记录了制造业数据不同维度的时序值。在实际应用中,由于传感器自身特征、

性能以及响应区间的差异,多个传感器之间时序完全无法同步,这使得传感器记录的数据的时间点存在偏差。所以,本节采用动态时间规整(dynamic time warping)算法进行处理,进而对时间序列数据进行归一化、对齐、映射和空值填充处理。

(2)因果数据生成

针对上述时序数据,本节采用 Granger 因果检验思想进行维度间的因果推断。若在包含了维度 u、v 的过去信息的条件下,对维度 v 的预测效果要优于只由 v 的过去信息对 v 的预测的效果,即维度 u 有助于解释维度 v 的将来变化,则认为 u 是 v 的 Granger 原因。Granger 本质上是一种自回归分布滞后模型,对滞后期长度的选择很敏感。而 Hawkes 过程作为一种点过程模型,用于对连续时间上的离散事件建模,分析历史事件序列对未来事件的因果关系,其主要思想为表示历史事件的发生对于未来事件的发生有激励作用,并且这些激励的影响可以累加。综上,本节中采用了基于 Hawkes 过程的 Granger 因果检验进行制造业数据不同维度间的因果关系推断,在 t 时刻,维度 v 能够到达阈值的概率为

$$\lambda_v(t) = \mu_u + \sum_{v'=1}^{u} \int_0^t \varphi_{uv'}(t) \mathrm{d}N_{v'}(t) \qquad (2\text{-}2)$$

其中,第一项中 μ_u 为事件 U 对事件 V 影响的基础因果强度。第二项是历史事件对事件 V 的激发带来的强度增加;$\varphi_{uv'}(t)$ 是影响函数,影响函数结合了一组 Z 高斯采样函数 $\{k_Z(t)\}$,$z = 1, 2, \cdots, Z$ 的线性组合来模拟事件 V 的衰减影响;$N_{v'}(t)$ 代表事件 v' 在 t 时刻发生的次数。根据 Silverman 的经验法则[11] 将 Z 设置为最小值,它限制了根据两个事件之间的持续时间和两个事件在一个序列中同时发生的次数计算的高斯采样的最大带宽。$\boldsymbol{a}_{uv}$ 是维度 v 和 u 之间的影响系数。

$$\varphi_{uv'}(t) = \sum_{z=1}^{z} a_{uv}^z k_Z(t) \qquad (2\text{-}3)$$

$$\boldsymbol{a}_{uv} = \left[a_{uv}^1, a_{uv}^2, \cdots, a_{uv}^z \right]^{\mathrm{T}} \qquad (2\text{-}4)$$

维度 u 和维度 v 是否存在 Granger 因果关系等价于影响函数 $\varphi_{uv'}(t)$ 是否全为零。基于这一结论,此处采用 EM(expectation-maximum)算法来学习影响函数,并对 $\varphi_{uv'}(t)$ 结果进行归一化。若结果高于规定阈值则认为维度 u 是维度 v 的

Granger 原因，否则认为维度 u 不是维度 v 的 Granger 原因。基于上述 Granger 检验结果，可获得制造业数据不同维度之间的因果关系，这些因果关系是一系列三元组 $(u, value, v)$，其中 $value$ 表示维度 u 对维度 v 的影响大小。将所有维度抽象为点集，将上述三元组抽象为边集，即构成了一个带权有向图。研究团队设计了一个交互式可视分析系统对该图谱进行展示，该系统支持用户探索分析。

（3）人工反馈部分

用户可以进行参数调整，包括对因果强度（strength）阈值、滞后期长度（lag 值）进行调整。用户还可以对该图谱进行编辑，对于用户不认可的模型检测结果，可以删除该条边。待用户调整或编辑完成后，模型将根据用户调整、编辑结果进行微调，生成新的因果关系检验结果。高维制造业数据的交互式因果关系可视分析系统能够帮助用户在进行因果关系分析时加入人工经验帮助，验证和总结制造业数据中的因果关系。自动检测因果关系辅助以人工反馈的方法有助于完成因果关系探索和假设分析，在已有经验的基础上完善和验证因果关系，得出有效的结论。同时，可以用可视化分析系统来解释高维制造业数据中维度之间的因果关系检测过程和结果，帮助用户理解和验证检测过程。

通过以上步骤，最终可获得高维制造业数据中维度之间的因果关系图，它能够帮助相关工作人员理解维度之间比相关性更紧密、更深刻的因果关系，从而协助工作人员管理维度，进行决策。

参考文献

[1]Oram A. Managing the Data Lake：Moving to Big Data Analysis[M]. Sebastopol：O'Reilly Media，2015.

[2]Sawadogo P N，Scholly E，Favre C，et al. Metadata systems for data lakes：Models and features[C]// Welzer T，Eder J，Podgorelec V，et al. New Trends in Databases and Information Systems，ADBIS 2019，Communications in Computer and Information Science. Cham：Springer，2019，1064：440-451.

[3]Quix C，Hai R，Vatov I，et al. Metadata extraction and management in data lakes with GEMMS[J]. Complex Systems Informatics and Modeling Quarterly，2016（9）：67-83.

［4］Ravat F，Zhao Y. Metadata management for data lakes［C］// Welzer T，Eder J，Podgorelec V，et al. New Trends in Databases and Information Systems，ADBIS 2019，Communications in Computer and Information Science. Cham：Springer，2019,1064：37-44.

［5］Eichler R,Giebler C，Gröger C，et al. HANDLE-A generic metadata model for data lakes［C］// Song M，Song IY，Kotsis G，et al. Big Data Analytics and Knowledge Discovery，DaWaK 2020，Lecture Notes in Computer Science. Cham：Springer，2020，12393：73-88.

［6］Nogueira I D,Romdhane M，Darmont J，et al. Modeling data lake metadata with a data vault ［C］// Desai B C，Flesca S，Zumpano E,et al. IDEAS '18：Proceedings of the 22nd International Database Engineering & Applications Symposium. New York：Association for Computing Machinery，2018：253-261.

［7］Sawadogo P N，Kibata T,Darmont J，et al. Metadata management for textual documents in data lakes［C］// SciTePress. ICEIS 2019 - Proceedings of the 21st International Conference on Enterprise Information Systems. Setubal：SciTePress，2019,1：72-83.

［8］Scholly E，Sawadogo P，Liu P，et al. Coining gold MEDAL：a new contribution to data lake generic metadata modeling［J］. International Workshop on Data Warehousing and OLAP，2021.

［9］Beheshti A,Benatallah B，Nouri R，et al. CoreKG：A knowledge lake service［J］. Proceedings of the VLDB Endowment，2018，11(12)：1942-1945.

［10］Hai R，Geisler S,Quix C，et al. Constance：An intelligent data lake system［C］// Özcan F，Koutrika G，Madden S. SIGMOD '16：Proceedings of the 2016 International Conference on Management of Data. New York：Association for Computing Machinery，2016：2097-2100.

［11］Silverman B W. Density Estimation for Statistics and Data Analysis［M］. London：Chapman & Hall，1986.

第 3 章　基于数据空间的归因认知与智能决策

3.1　多模态融合的人体模型构建与工人工序分析技术

工人智能作业感知能够实现对整个产线的人员作业动作的识别和分析。它通过生成人体 3D 网格来检测人员动作[1]，使得生产过程中的产能统计更加智能化。目前，人体三维网格的生成大部分都依赖于图像（计算机视觉）方法[2-5]。这种方法中，环境的亮度或照度过弱、过强都会严重影响采集图像的清晰度，导致人体网格生成失效。因此，研究人员开始关注基于无线信号的人体行为感知手段[6-8]，利用射频信号重构人体 3D 网格。射频信号不会受到天气、光线等因素的影响，其经过人体会形成较为强烈的反射回波，可用于捕捉人体特征，同时克服图像方法的缺点。然而，这种手段存在采集硬件的复杂性高和方法的稳定性差等问题，这些问题阻碍了该技术的广泛应用。

针对上述现有技术的不足，本节设计并实现了一种能够同时处理射频信号（毫米波信号）和图像的系统 MI-Mesh[9]，将无线射频信号和图像信息多模态方法融合起来，双方互补，以此实现重构人体 3D 网格模型。

3.1.1　数据采集与预处理

本节以商用毫米波雷达 AWR1443BOOST 和 DCA1000EVM 为毫米波信号收发器，以相机 RMONCAM G600 为 RGB 与红外图像的接收器（该相机会在白天采集 RGB 图像,在晚上自动切换采集红外图像),使用商用毫米波雷达发射的 FMCW(frequency modulated continuous wave,调频连续波)毫米波信号,收取原始信号并将其转化为中频信号;使用单目相机收集 RGB 图像(夜间收集红外图像)。系统将对毫米波信号进行相移补偿和杂波消除,并把图像输入到神经网络中,将两种信号融合后,提取人体关键点的位置并估计人体的轮廓,通过回归得到人体的三维网格模型,该系统具有较高鲁棒性。

3.1.1.1 场景部署

实验场景布置如图 3-1 所示,其中毫米波雷达(AWR1443BOOST)和红外相机(IR Camera)位置距离地面约 1m,人的活动场地约为 $16m^2$,该场地边缘与毫米波雷达相距 3m。

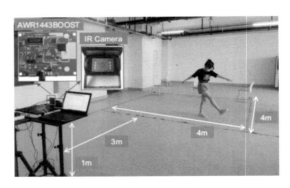

图 3-1　实验场景部署

3.1.1.2 毫米波信号预处理

如图 3-2 所示,将毫米波原始数据处理成点云需要经过三个基本的 FFT(fast Fourier transform,快速傅里叶变换)步骤,分别对应将获得目标的距离、速度以及角度信息。①对于与雷达不同距离的目标,其反射回来的中频信号频率大小不同。对原始信号进行 1D FFT(Range-FFT)之后,得到 Range-FFT 谱图,其中不同的峰值即代表不同距离的目标。②对于与雷达径向距离(range)相同但速度(velocity)不同的目标,根据多普勒(Doppler)频移原理,其反射回的信号的相移表现不同。故对其 Range-FFT 信号再次进行 2D FFT(Doppler-

FFT）处理之后，可以将同一径向距离但不同速度的目标区分开。③由于天线
阵列的特殊排布设计，在不同的接收天线处获取的不同方位的目标的信号相移
也有固定规律，因此对不同接收天线的 Doppler-FFT 信号进行 3D FFT（Angle-
FFT）处理后将获得探测目标的角度（angle）数据。通过上述原理，可将毫米波
探测人体动作的原始数据处理成 3D 毫米波雷达点云，并将该点云数据作为动
作检测的无线信号输入。

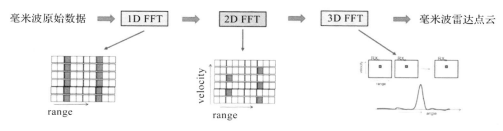

图 3-2　毫米波信号预经过处理

　　但单纯上述处理并不能获得准确的点云数据。受到天线板本身硬件条件
影响，不同的天线之间存在一定的相位偏移，该偏移会严重影响点云的位置分
布。后经实验得知该偏移基本为一常量，故研究团队在原始信号处理成点云数
据之前做了相位偏移补偿，即相位校准。将第 m 个虚拟天线引入的相移记作
$\Delta\theta_m$，引起的相移向量可表示为

$$\boldsymbol{A} = \left[1, e^{-j\Delta\theta_1}, e^{-j\Delta\theta_2}, \cdots, e^{-j\Delta\theta_m}\right]$$

其中，j 为复数的虚部。校准过的信号为

$$\boldsymbol{S}' = \boldsymbol{A} \times \boldsymbol{S} \tag{3-1}$$

其中，$\boldsymbol{S}$ 为原始信号。校准后，对 $\boldsymbol{S}'$ 进行 Range-FFT 处理，并从所有信号中减去
Range-FFT 热图的平均值以消除环境带来的静态杂波，最后选择强度最大的
128 个点进行上述的 Doppler-FFT、Angle-FFT 处理即可获得 3D 毫米波雷达点
云。

　　如图 3-3 所示，图（a）表示了不同接收天线采集的毫米波信号的相位偏移；
图（b）表示当设备断电重启时，相位偏移是比较稳定的；图（c）和（d）为一个距
离毫米波雷达约 4m 的人的反射信号校准前后生成的点云数据，可以看出校准

后的点云与真实值相符,这证明了相位校准的必要性。

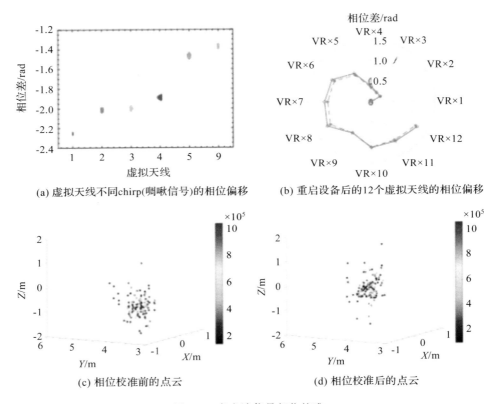

(a) 虚拟天线不同chirp(啁啾信号)的相位偏移   (b) 重启设备后的12个虚拟天线的相位偏移

(c) 相位校准前的点云   (d) 相位校准后的点云

图 3-3　毫米波信号相位校准

3.1.1.3　图像预处理

指对图像进行 MaskIMG 操作(灰度化、色彩反转等操作),进行数据增强。其具体算法如图 3-4 所示。

3.1.2　深度模型设计

深度神经网络模型(下称网络模型)结构如图 3-5 所示,它包含三个模块:特征提取模块、关节点识别与轮廓估计模块和网格生成模块。输入为经上述预处理后的点云和图像,输出为网络模型所预测和构建的人体 3D 网格。

Require: s_{IMG}: the input image
Ensure: $s_{\hat{IMG}}$: the processed image
　　　$s_{\hat{IMG}} \leftarrow RandomGrayscale(s_{IMG}, p_{gray})$
　　　$dice \leftarrow Random()$
　　　if $dice < p_{gauss}$ **then**
　　　　$s_{\hat{IMG}} \leftarrow GaussianBlur()$
　　　else if $dice < p_{jitter}$ **then**
　　　　$s_{\hat{IMG}} \leftarrow ColorJitter()$
　　　else if $dice < p_{inverse}$ **then**
　　　　$s_{\hat{IMG}} \leftarrow ColorInvert()$

图 3-4　图像预处理算法

注:RandomGrayscale()为随机灰度化函数,Random()为随机种子生成函数,
GaussianBlur()为高斯模糊函数,ColorJitter()为色彩抖动函数,ColorInvert()为反
色函数。

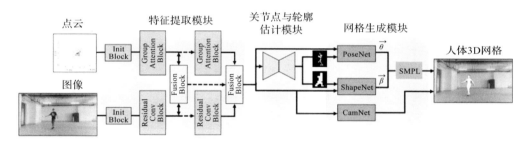

图 3-5　深度神经网络模型结构图

3.1.2.1　特征提取模块

该模块首先分别对毫米波信号和图像信号进行处理,而后将两者的特征融
合,输入下一个模块中。其中,对毫米波信号的处理采用一种局部特征提取的方
式 —— 局部注意力方法,这是一种基于多头注意力机制的方法。对于特征维度
为 D 的毫米波信号 X,设

$$[\boldsymbol{Q}, \boldsymbol{K}, \boldsymbol{V}] = X \boldsymbol{W}_{QKV}$$

将自注意力表示为

$$\mathrm{SA}(X) = \mathrm{softmax}(\boldsymbol{Q}\boldsymbol{K}^{\mathrm{T}} / \sqrt{D}) \cdot \boldsymbol{V} \tag{3-2}$$

将 k 个 SA(self-attention) 操作（或称为 head）并行扩展并连接到对应的输出

$$\mathrm{MSA}(X) = [\mathrm{SA}_1(X);\mathrm{SA}_2(X);\cdots;\mathrm{SA}_k(X)] \cdot W_{\mathrm{MSA}} \qquad (3\text{-}3)$$

对不同的 head 采用位置嵌入，将每个 head 与人体的某些部位相关联，通过训练以获得区域特征。在 Transformer 的初始设计中，多个 head 的设计是为了尽可能地获得数据在不同子空间中的表达，这一思想与点云需要提取不同的局部特征相吻合。在聚合注意力机制中，不同的 head 起到了"锚点"的作用，将其重新命名为 group。为了使得不同的 group 能够真正地注意到点云不同的部位，对不同 group 中的输入进行位置嵌入，使每个 group 对应的点云特征产生相应的偏移，从而让每个 group 的特征空间有所不同。在后续的 SA 操作中，不同的 group 通过特征向量 Q、K 之间的权重求值，并对特征向量 V 进行自适应地缩放，从而对将更适应于该 group 的特征进行相应的放大，并削弱不适应该 group 的特征的影响。随着网络模型的进一步训练，每个 group 将自适应地提取相应特征并将其有效聚集，这样便得到了点云的局部特征。而图像的特征提取则使用经典的 ResNet 残差模块进行堆叠以提取特征。

随后融合模块利用注意力机制对提取的毫米波和图像信号特征进行融合，并保证融合块贯穿整个特征提取模块，以一系列维度变换实现高质量的特征融合。特别地，在特征融合模块的设计中，点云特征首先通过一个残差 1D 卷积生成一个特殊向量。接着，该特殊向量与图像特征图矩阵相乘，并经过 softmax 归一化，从而生成每个毫米波点与图像特征图每个像素之间的权重。最后将点云特征与这个权重相乘，则可成功将点云特征映射至图像特征图的维度。通过这样的类似于 attention 的操作，可以有效利用每个毫米波点与图像信息的内在关联，并且使毫米波与图像特征能够能符合直觉地融合，从而达到信息补全的效果。研究团队注意到图像本身拥有相对更丰富的信息，因此在特征融合模块的设计中，融合特征以图像的特征维度为主。特别地，由于 MI-Mesh 系统的特征提取模块为堆叠设计，为了使得网络模型能够更灵活地从每个层次中学习，在特征融合过程中，上一层的融合特征将传递到这一层中，并且与图像特征、点云映射特征拼接，在后续的残差 2D 卷积中共同进行前馈传输。另外，经过上述操作之后的融合特征,其特征维度将被设置为输入的特征维度的两倍。为了能将图像信息融合至点云特征中,特征融合模块的后续架构对融合特征进行了类似上述的 attention 操作,并将其与点云特征融合,然后输入至后续的毫米波分支。

3.1.2.2　关节点识别与轮廓估计模块

该模块利用一个小型的编解码器 Hourglass 结构网络配合反卷积模块,将前一阶段融合的特征作为输入,输出人体关节点的热图和人物轮廓图。两项任务共享权重,分别使用 L2 损失和交叉熵损失训练。

3.1.2.3　网格生成模块

网格生成模块的主要结构为两种网络:Posenet 和 ShapeNet。ResNet 和 Maxpooling 进行特征提取,全连接神经网络作为输出,将前一模块的 2D 关节点和融合特征输入 PoseNet,输出 72 个表示关节旋转的参数,而后将轮廓估计图和特征输入到 ShapeNet 当中,得到 10 个表示形体的参数。最后,将这些参数输入到 SMPL[7] 中,生成人体 3D 网格。

3.1.3　实验验证

验证采用 MPVE、MPJPE、PA-MPJPE 指标对本节网络模型进行性能评估。MPVE(mean per vertex error,平均顶点误差)为预测的人体网格和真实值之间的平均欧氏距离;MPJPE(mean per joint position error,平均关节位置误差)为预测的三维关节和真实值之间的平均欧氏距离;PA-MPJPE(procrustes analysis-MPJPE)为预测的三维姿态经过平移、旋转等操作与真实值对齐后计算出的 MPJPE。

3.1.3.1　总体性能

使用不同方法构建人体 3D 网格得到的自由动作和固定动作测试结果如表 3-2 所示。其中,DecoMR 和 SPIN 为两种基于纯图像的适用于自由动作的方法,mmMesh 为基于纯毫米波的适用于固定动作的方法。可以看出,MI-Mesh 在进行自由动作识别时,MPVE、MPJPE 和 PA-MPJPE 指标均表现优异,证明其在提升了鲁棒性的同时,性能也保持较高水平。

表 3-2　人体 3D 网格构建误差　　　　　　　　　　　单位：mm

方法	评价指标		
	MPVE	MPJPE	PA-MPJPE
MI-Mesh	79.80	65.58	44.05
MI-Mesh*	27.97	21.80	17.28
mmMesh	24.70	21.80	—
DecoMR	113.35	99.27	44.76
SPIN	74.93	64.97	29.96

注：MI-Mesh* 指网络模型在固定动作数据集上训练测试得到的结果，其余均为在自由动作数据集上。

3.1.3.2　消融实验

消融实验结果如表 3-3 所示，其中包括对本方法及消除不同模块后方法的评估。其中，"No image"代表仅使用单帧的毫米波点云输入，网络模型主干网络使用 Group-Attention 的堆叠；"No mmWave"代表主干网络使用特征维度逐层加厚的残差 2D 卷积堆叠，其余模块与原 MI-Mesh 保持一致；"No fusion"代表融合模块被简单设计为点云特征经过残差线性模块的维度扩展之后与图像特征进行拼接，其余模块与 MI-Mesh 一致；"No MaskIMG"代表仅在模型训练过程中剔除 MaskIMG 数据增强策略。测试本节网络模型在缺失一部分模块的条件下的性能，实验结果进一步证明了其中每一个模块的作用。

表 3-3　消融实验结果　　　　　　　　　　　　　　单位：mm

方法	评价指标		
	MPVE	MPJPE	PA-MPJPE
MI-Mesh	84.57	69.25	46.10
No image	242.30	188.55	113.65
No mmWave	142.60	114.50	74.91
No fusion	125.55	102.72	70.05
No MaskIMG	171.30	138.60	90.35

3.1.3.3　不同条件下的定性评估

光照条件较差的情形下，采用红外图像和毫米波信号共同输入下的实验结果如图 3-6 所示。图片信息较为模糊时，不同方法的预测的实验结果如图 3-7 所示。

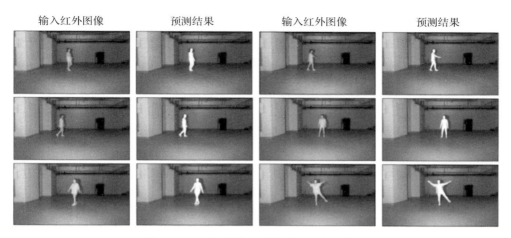

图 3-6　光照条件较差的情形下的实验结果

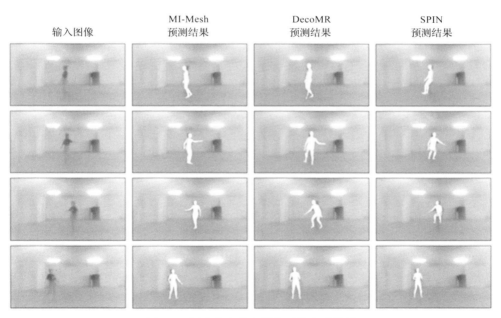

图 3-7　图片信息较为模糊时的实验结果

另外，研究团队还在不同的环境中对网络模型进行了评估。实验室、拐角、排练室、走廊等场景下的定性实验的结果如图 3-8 所示。实验结果表明该网络模型在各种环境和条件下均有非常好的效果。

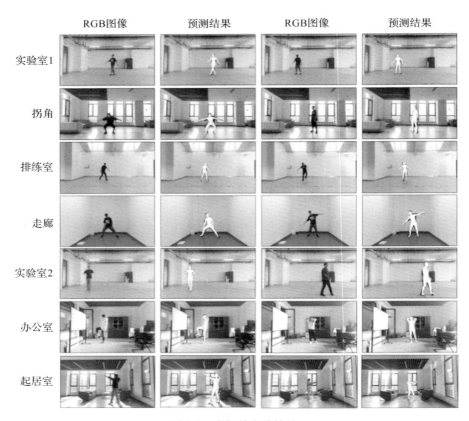

图 3-8 多场景实验结果

　　网络模型在工厂流水线场景的效果如图 3-9 所示,可以看出依旧效果良好。生成人体 3D 网格首先需要检测出视频中的工人,并实时对该工人进行追踪。而该网络模型可同时完成检测、识别视频中是否有工人(工人是否在岗)、视频中工人工作时长(检测到工人的时长)、动作是否有效规范(与标准动作模板进行匹配)、动作序列是否符合标准流程等任务,使产能统计智能化,可有效关联工人作业动作与有效工时,发现和预警视频中工人的错误、危险动作,进而排除作业过程的隐患,减少异常事故,提高作业效率与产品质量,改善人员管理,降低事故率。自定义"出拳""踢脚"以及"旋转"三个动作为假设危险动作,取每 15 帧的滑动窗口作为输入,使用全连接网络对其进行分类。可得危险动

作检测实验结果如图 3-10 所示，可以看出网络模型输出的人体 3D 网格与图像
动作匹配，该网络模型能够有效判断动作类别，可用于危险动作识别与报警。

(a) 原始图像　　　　　　　　　　　(b) 人体3D网格

图 3-9　工厂流水线场景实验结果

图 3-10　危险动作检测实验结果

3.1.4　小结

本节提出了毫米波与图像融合互补的人体 3D 网格构建方法,并设计了相应的深度神经网络模型。该模型对光照条件无特殊要求,且在极端环境和其他可能会导致图像信息失效的条件下仍有较好的效果,具有较好的鲁棒性,弥补了纯图像方案的局限,同时扩展了射频信号的使用和特征融合的方式,实现了高精度、高复原度的人体 3D 网格构建。同时研究团队给出了该模型在各种条件下的定量和定性评估实验结果,及其在工厂环境下和模拟危险动作识别的实验结果。结果表明本方法在实际应用场景中具有良好的效果和广阔的前景。

3.2　融合知识图谱的机器音频表征与异音分类技术

工厂生产的产品出厂前需要通过质量检测。通常,不合格的产品(如空调、洗衣机等)在运转时发出的声音会略带杂音,并且不同的故障产生的异常声音也有所区别,因此,可以通过听检判断产品的某项指标是否合格,专业的质检员还可以根据声音的不同来判断机器出现了何种异常。但人工判断的方法存在工人培训周期长、主观因素影响过大、有工作时间限制、疲劳状态下误判率升高、长期听音会对人耳造成不可逆伤害等等问题,所以使用人工智能及音频处理技术自动化关联声音与机器异常,并实现机器异常检测尤为必要[10-13]。

考虑到工厂实际情况,研究思路为首先采用自监督学习方法从大量声音样本中检测出异常声音,再通过分类模型对异音进行分类,以实现机器异常的自动检测。而质检员不仅能听出异音,还了解机器可能出现的各种故障以及它们之间的关系等,这些额外的知识都有助于质检员做出更准确的判断。基于此,本节通过在分类模型中融合机器异音知识图谱来加入与异音相关的额外信息,从而帮助模型提高异音判别的准确率。

3.2.1　基于重建与差值预测的异音检测模型

3.2.1.1　数据预处理

通常,人耳能感知的声音频率范围为 $20 \sim 20000 \mathrm{Hz}$,对低频音调的感知较灵敏,对高频音调的感知较迟钝。因此,本节将频率标度转化为梅尔频率标度(mel scale),低频处滤波器密集,门限值大,高频处滤波器稀疏,门限值小,从而获得更多信息。

　　具体地,后续异音检测模型的输入为(batch_size,128 * 4)维向量,输出为(batch_size,128)维向量,数据处理具体过程如下:如图 3-11 所示,首先采用 1024 FFT,设 hop length(步长)为 512,将每段音频划分为 64 ms 的帧,前后两帧重叠为 32ms;然后对每个帧选择 128 梅尔滤波器提取梅尔特征,将获得的梅尔频谱(mel spectrogram)转为对数梅尔频谱(log mel spectrogram),即声谱图;如图 3-12 所示,取每连续 5 帧为一份样本数据,hop(跳)为 1 帧,将前后 4 帧作为输入,中间 1 帧作为预测目标。

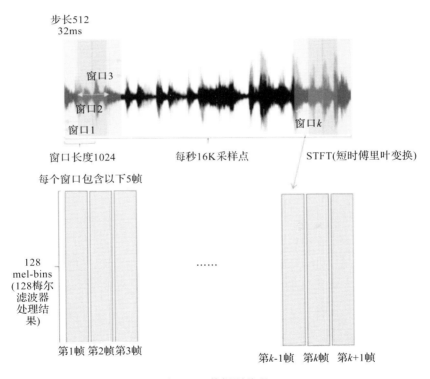

图 3-11　数据预处理

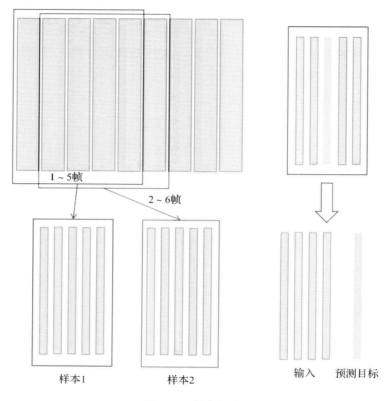

1~5帧

2~6帧

样本1   样本2   输入   预测目标

图 3-12　样本划分

3.2.1.2　异音检测模型

通常质检时机器大部分为正常机器，而异常机器数量稀少，这导致可采集的异常样本较少。针对该问题，研究团队采用自监督学习方法，设计并实现了基于差值的 Interpolation Deep Neural Network(IDNN)模型[13]，然后使其从大量正常机器的声音样本中学习特征，在训练阶段建立起声音特征与正常机器(运转状态)的有效关联。

训练 IDNN 时，使其在一段连续的音频上通过前后帧来预测中间帧。由于使用了正常音频作为模型训练数据，在测试时，IDNN 对正常音频的预测性能要高于异常音频，因此可选择与预测性能相关指标(特征相似度度量指标)作为异常分数阈值，当异常分数高于阈值时判断为异常音频，异常分数低于阈值时判断为正常音频。

　　具体地，IDNN 从原始音频 5 帧中抽取出中间帧，使用前后 4 帧预测中间帧，使用预测帧与中间帧的差异作为损失，模型概览如图 3-13 所示。IDNN 的详细结构如表 3-4 所示，它采用 AutoEncoder 结构，通过 encoder（编码器）将输入的 4 帧音频提取为 16 维的特征，通过 decoder（解码器）使用特征预测中间帧，encoder 与 decoder 均由 LinearModule 组成，LinearModule 结构由单层 ReLu、BatchNorm 与 Linear 组成。

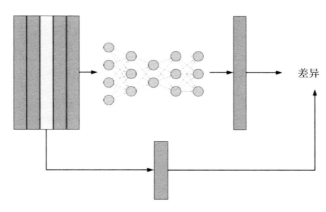

图 3-13　IDNN 模型概览

表 3-4　IDNN 结构

encoder（编码器）	decoder（解码器）
LinearModule(128 * 4，128)	LinearModule(16，32)
LinearModule(128，64)	LinearModule(32，64)
LinearModule(64，32)	LinearModule(64，128)
LinearModule(32，16)	Linear(128，128)

3.2.2　融合知识图谱的音频表征与分类模型

　　由于制造业异音数据较难获取，研究团队选择与异音分类相近的音乐流派分类任务进行音频分类的理论研究。研究的基本思想是将音乐流派之间的关系编码到音频表征中，提供更强大的知识表征。为了实现这一思想，研究团队提出了融合知识图谱的神经网络框架[14]（下称融合模型），如图 3-14 所示。

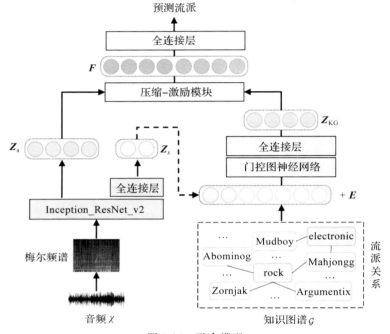

图 3-14   融合模型

其中左侧为音频表征学习模块，其以音频作为输入，提取初始音频特征；右侧为知识表征模块，负责学习知识图谱中流派之间的关系；上方特征融合与分类模块融合了知识图谱和音频表征，用于音乐流派的自动识别。

3.2.2.1   音频表征学习模块

该模块由预处理器和特征提取神经网络组成，用于将输入的音频映射到特征空间。

首先，将输入的音频 χ 裁剪成多个时长为 1s 的不重叠片段，并使用Librosa库将裁剪后的音频片段转换为 128 维的梅尔频谱，获得其时频表示 S；然后将获得的时频表示 S 输入主干网络 $f(\cdot)$ 学习音频表征 Z_a，主干网络 $f(\cdot)$ 使用了 Inception-ResNet-v2 的架构，但缩小了层数，以便在降低计算复杂度的情况下获得多尺度特征；此外，主干网络 $f(\cdot)$ 后还添加了一个线性层 $g(\cdot)$，通过

对网络 $g \circ f$ 进行预训练获得一个 C 维向量 $\boldsymbol{Z}_s$（表示该网络对每种流派的预测分数），供后续步骤使用，其中 C 代表流派的数量。

3.2.2.2　知识图谱构建

通常，来自同一个艺术家的歌曲往往具有相似的声学特征，同时艺术家通常擅长创作特定流派的歌曲，因此特定艺术家的音乐特征可能包含相关流派的关键特征。同时，乐器也是决定音乐流派的重要元素之一。于是研究团队使用音乐数据集中的元数据构建了音乐流派知识图谱 $\mathcal{G} = \{V, E\}$ 来表示流派之间的关系，部分知识图谱如图 3-15 所示。

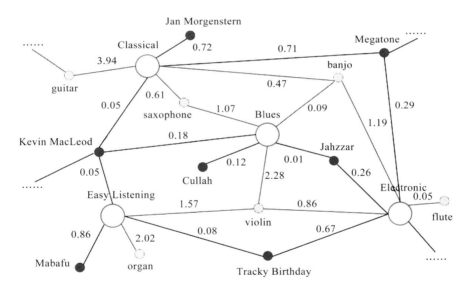

图 3-15　部分知识图谱

实体集 V 包含 $G + A + I$ 个元素，其中 G 代表音乐流派的数量，A 代表艺术家的数量，I 代表乐器的数量。边集 E 在知识图谱 $\mathcal{G}$ 中代表连接各个实体之间的边的集合，本节所构建的知识图谱中有两种类型的边。一种边用于连接艺术家和音乐流派，表示某一个艺术家拥有某一特定音乐流派歌曲的概率，该概率可以用统计学方法进行计算，表示为 $\boldsymbol{P}_{G \times A}$，其中某一项 p_{ji} 的具体计算公式为

$$p_{ji} = \frac{N_i^j}{N_i} \qquad (3\text{-}4)$$

其中，i 为某个艺术家，j 为某个流派，N_i 是艺术家 i 拥有的所有歌曲的数量，N_i^j 是这些歌曲中属于流派 j 的歌曲数量。

另一种边用于连接乐器和音乐流派，表示某一乐器演奏的歌曲属于某一流派的概率，这个概率可以从 openMIC-2018 数据集中获得，表示为 $\boldsymbol{P}_{G \times I}$。

因此，知识图谱$\mathcal{G}$中的边集 $\boldsymbol{E}$ 可以表示为

$$\boldsymbol{E} = \begin{bmatrix} \boldsymbol{0}_{G \times G} & \boldsymbol{P}_{G \times A} & \boldsymbol{P}_{G \times I} \\ \boldsymbol{P}_{A \times G} & \boldsymbol{0}_{A \times A} & \boldsymbol{0}_{A \times I} \\ \boldsymbol{P}_{I \times G} & \boldsymbol{0}_{I \times A} & \boldsymbol{0}_{I \times I} \end{bmatrix}$$

其中，当两个节点之间不存在连接时，它们之间的边表示为零矩阵，例如 $\boldsymbol{0}_{G \times G}$ 或 $\boldsymbol{0}_{A \times I}$。

3.2.2.3　知识表征学习模块

对于上述知识图谱$\mathcal{G}$，研究团队选择使用门控图神经网络（gated graph neural network，GGNN）在图中传播节点信息，并为每个节点计算其特征向量，然后将所有的特征向量进行拼接产生最终的知识表征 $\boldsymbol{Z}_{\mathrm{KG}}$。

需要说明的是，研究团队使用了零向量来初始化艺术家节点 A 和乐器节点 I，使用音频表征学习模块中获得的 $\boldsymbol{Z}_s$ 初始化对应的流派节点 G。分数 $\boldsymbol{Z}_s$ 是通过预训练网络 $g \circ f$ 获得的，s 指其中具体的特征值，则可以表示为

$$\boldsymbol{Z}_s = \{s_1, s_2, \cdots, s_G\}$$

初始化之后节点 v 的输入特征 x_v 可以表示为

$$x_v = \begin{cases} [s_i, \boldsymbol{0}_{G-1}], & \text{若节点 } v \text{ 代表音乐流派 } i \\ [\boldsymbol{0}_{A+I}], & \text{若节点 } v \text{ 代表艺术家或乐器} \end{cases}$$

其中，$\boldsymbol{0}_{G-1}$ 和 $\boldsymbol{0}_{A+I}$ 分别代表维度为 $G-1$ 和 $A+I$ 的零向量。

然后将初始化之后的节点输入 GGNN 以获得知识图谱$\mathcal{G}$的表征 $\boldsymbol{Z}_{\mathrm{KG}}$。GGNN是一种递归神经网络结构，通过迭代更新节点特征来学习任意图结构数据的特征。在第 t 次迭代时，节点 i 的隐藏状态 h_i 由它的上一步状态和从其相邻节点传播的消息决定，可表示为

$$h_i^0 = x_i$$

$$h_i^t = \text{GGNN}(h_1^{t-1}, h_2^{t-1}, \cdots, h_K^{t-1}; \boldsymbol{E}_i)$$

其中,K 代表隐藏状态的个数,$\boldsymbol{E}_i$ 是表示节点 i 与其相邻节点连接关系的矩阵。

共经过 T 次迭代后,消息将在整个图 $\mathcal{G}$ 中传播,即可获得所有节点的最终隐藏状态。最后的线性层(全连接层)将输出每个节点的最终特征,将这些特征拼接起来就可以获得整个知识图谱 $\mathcal{G}$ 的表征 $\boldsymbol{Z}_{\text{KG}}$。

3.2.2.4　特征融合与分类模块

特征融合模块将整个知识图谱表征 $\boldsymbol{Z}_{\text{KG}}$ 与初始音频表征 $\boldsymbol{Z}_{\text{a}}$ 进行融合,以增强提取的音频表征。具体地,将知识表征 $\boldsymbol{Z}_{\text{KG}}$ 与初始音频表征 $\boldsymbol{Z}_{\text{a}}$ 一起输入到压缩 — 激励(Squeeze-and-Excitation,SE)模块中,该模块将给这两个表征分配不同的注意力权重,自适应确定哪个特征对整个模型更有利。随后将加权后的特征进行连接,得到最终的音频表征 $\boldsymbol{F}$,可以表示为

$$\boldsymbol{F} = W_{\text{a}} \boldsymbol{Z}_{\text{a}} \oplus W_{\text{KG}} \boldsymbol{Z}_{\text{KG}} \tag{3-5}$$

其中,W_{a} 和 W_{KG} 分别表示压缩 — 激励模块给初始音频表征 $\boldsymbol{Z}_{\text{a}}$ 和知识图谱表征 $\boldsymbol{Z}_{\text{KG}}$ 赋予的注意力权重,$\oplus$ 代表拼接操作。

最后,将增强后的音频表征 $\boldsymbol{F}$ 输入全连接层(fully-connected layer,FC)进行流派分类。使用交叉熵损失来训练模型。损失函数定义为

$$L = -\sum_{i=1}^{N} y_{\text{genre}}^i \ln \left(\widehat{y_{\text{genre}}^i} \right) \tag{3-6}$$

其中,$\widehat{y_{\text{genre}}^i}$ 是预测流派标签,y_{genre}^i 是真实标签。

3.2.3　实验结果

3.2.3.1　异音检测结果

本节使用企业提供的真实数据集对 IDNN 模型进行验证,数据集为海尔提供的家用空调运行时的声音数据集,其中包含 120 条正常音频,2 条异常音频。由于数据量过小,研究团队将其处理为 240 条正常音频,4 条异常音频,每段音频长 10s。

首先对 IDNN 模型进行训练,使用 200 条正常音频作为训练集并进行数据增强,将每条音频作数据处理后打乱顺序,输入大小为(batch_size,128 * 4)的

向量,输出大小为(batch_size,128)的向量,batch_size 为 64,使用 MSE(mean square error,均方误差)作为损失函数,使用 Adam 优化器,采用默认参数,lr 为 0.001,训练 100 epoch(回合)。

测试时每次对一条音频进行单独测试,将每条音频作数据处理后的片段分批输入模型,使用 MSE 作为异常分数,将该被检测音频的所有异常分数的最大值或平均值作为该音频的异常分数,再与阈值作比较判断该音频为正常或异常音频。IDNN 模型在数据集上使用 40 条正常音频、4 条异常音频作为测试集,取所有异常分数的平均值作为音频异常分数。其中,AUC(area under curve,曲线下面积)指 ROC(receiver operating characteristic,接收者操作特征)曲线下与坐标轴围成的面积,AUC 的值在 0.5 和 1 之间。AUC 越接近 1,检测方法真实性越高;AUC 等于 0.5 时,则检测方法真实性最低,无应用价值。

实验结果 ROC 曲线及异常分数统计如图 3-16、表 3-5 所示。其中,40 条正常音频的异常分数分布在 17～25,4 条异常数据的异常分数分布在 33～40。ROC 曲线的 AUC 值为 1,代表 IDNN 模型可以完全正确区分数据集中的正常音频与异常音频,即模型能够挖掘声音特征与正常机器间的关联关系,并可应用于"机器是否异常"的决策。

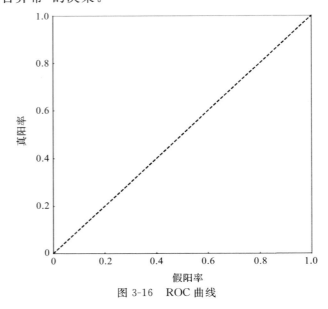

图 3-16　ROC 曲线

表 3-5　实验结果

音频样本	异常分数
normal_id_00_101-0.wav	22.426014
normal_id_00_101-1.wav	25.744646
normal_id_00_102-0.wav	20.982336
normal_id_00_102-1.wav	20.507435
normal_id_00_103-0.wav	20.176752
normal_id_00_103-1.wav	20.682674
normal_id_00_104-0.wav	19.818853
normal_id_00_104-1.wav	19.355438
normal_id_00_105-0.wav	21.331783
normal_id_00_105-1.wav	23.265518
normal_id_00_106-0.wav	20.984283
normal_id_00_106-1.wav	21.227634
normal_id_00_107-0.wav	19.298680
normal_id_00_107-1.wav	19.293589
normal_id_00_108-0.wav	19.297632
normal_id_00_108-1.wav	22.174679
normal_id_00_109-0.wav	22.120785
normal_id_00_109-1.wav	19.171920
normal_id_00_110-0.wav	19.336416
normal_id_00_110-1.wav	18.843570
normal_id_00_111-0.wav	20.582600
normal_id_00_111-1.wav	19.740623
normal_id_00_112-0.wav	21.252188
normal_id_00_112-1.wav	19.633190
normal_id_00_113-0.wav	21.441973
normal_id_00_113-1.wav	18.019695
normal_id_00_114-0.wav	20.291153
normal_id_00_114-1.wav	20.847225
normal_id_00_115-0.wav	18.553280
normal_id_00_115-1.wav	19.119457
normal_id_00_116-0.wav	22.250284

音频样本	异常分数
normal_id_00_116-1. wav	23.699347
normal_id_00_117-0. wav	22.120409
normal_id_00_117-1. wav	21.739447
normal_id_00_118-0. wav	18.935242
normal_id_00_118-1. wav	19.625177
normal_id_00_119-0. wav	21.364553
normal_id_00_119-1. wav	19.366531
normal_id_00_120-0. wav	23.149498
normal_id_00_120-1. wav	25.312967
anomaly_id_00_121-0. wav	39.640244
anomaly_id_00_121-1. wav	33.260897
anomaly_id_00_122-0. wav	40.940030
anomaly_id_00_122-1. wav	33.494705

3.2.3.2 音频分类结果

本节使用企业提供的真实数据集对融合模型进行验证,数据集为海尔提供的故障洗衣机运行时的声音数据,包含 14 台不同型号洗衣机,共计 62 条音频数据,将其分为 9 种异音类别,每种类别都包含有配重和无配重的音频。由于数据量过小,研究团队将其处理为 3830 条时长为 1s 的音频数据。

将所有数据按 8∶2 的比例进行划分,即 3068 条作为训练数据,762 条作为测试数据。先将音频放入基线模型(Inception_ResNet_v2)中进行训练,得到预训练好的基线模型。再将预训练好的基线模型提取的音频特征与知识图谱数据一起输入 GGNN 模型中进行训练,使用 NLLLoss(负对数似然损失)作为损失函数,使用 Adam 优化器,采用默认参数。

洗衣机异音分类实验结果中,经过 Inception_ResNet_v2 的分类准确率为 91.08%,使用 GGNN 加入知识图谱后分类准确率提升为 91.47%。

3.2.4 小结

本节提出了一种利用知识图谱提取音频表征并提高音频分类性能的方

法,此方法利用 GGNN 从知识图谱中学习不同音频类别之间的相关性,并将学到的知识与音频表征融合,以增强音频表征能力,从而提高音频分类的准确率。该方法可以用于音乐流派分类、制造业产品异音检测等,实现自动化的机器异常检测,可节省人力,提高检测效率,具有广泛的应用前景。

3.3 基于区块链的全产业链产品溯源认证方法

3.3.1 区块链溯源技术面临的挑战

在智慧工业的发展中,上下游厂家与消费者对商品的全流程溯源具有越来越迫切的需求[15-18]。商品溯源不仅能够提升消费者购物体验,降低企业认证成本,还能够促进市场的良性发展。然而,现有的区块链溯源技术和产品认证技术之间存在着不可调和的矛盾,主要原因有:现有的区块链溯源技术只能实现对产品在产业链中的溯源,却无法对产品进行合法性认证[19];攻击者能够轻易地通过复制二维码、条形码,复制 RFID(radio frequency identification,射频识别)标签来实现替换攻击,即通过在假冒产品上粘贴与正品具有相同 ID 的标签来冒充正品。因此,去中心化的产品溯源无法较好地处理产品认证问题。

为了满足消费者对产品认证的需求,近年来也出现了许多新兴的"防伪标签",如 NFC(near field communication,近场通信)标签等。NFC 标签具有加密能力,能够较好地满足认证需求,但这种认证需要知晓 NFC 标签的密钥,因此必须是中心化的,即厂商需要搭建中心服务器,通过自身数据库中记录的密钥值,对合法标签加密后的结果进行比对;并且,为了防止攻击者收集合法标签应用到假冒产品上,厂商往往会记录该标签的查询次数,通过查询次数来进行一定的防伪。但这种方法仍然不能免除消费者未查询带来的可信度下降的情况(例如购买正品的消费者未查询,标签的查询次数为 0,该标签应用到假冒产品上时,就足以欺骗后续消费者)[20-21]。

同时,当把区块链的去中心化溯源与防伪标签结合时,则会产生以下问题: ①防伪标签往往通过计数来帮助消费者对产品进行认证,若在产品转运与分销的各个环节进行认证,那么认证次数就不能再作为认证指标了;②即使中间各个环节都能够认证,但中心化的认证方式会大大加剧厂商服务器的负担,访问次数成倍增加;③此类无源防伪标签往往通信距离较短,不适用于仓储物流等实际环境,例如 NFC 节点的通信距离只有 10cm,完全无法满足大宗货物的日常读取与流转需求。

对此,本节旨在将无源射频技术与区块链技术相结合,实现安全可信的产品溯源,如图 3-17 所示[22]。无源射频技术已广泛应用于货物管理、对象跟踪、产品溯源等,区块链技术也成了一种分布式数据安全管理的方式,将这两种技术结合,能够更好地发挥它们的优势,打破数据层与物理层安全的藩篱,实现全产业链不同企业间、消费者与企业间的可信产品溯源与认证。

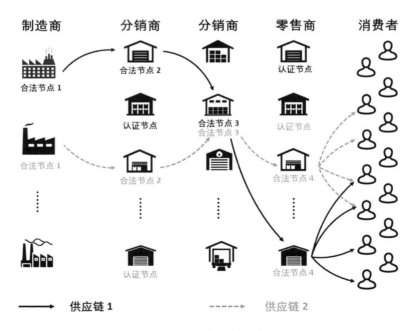

图 3-17 区块链产品溯源

3.3.2　系统架构

产品溯源系统整体架构如图 3-18 所示,每个部分将在后文进行详述。

图 3-18　系统架构

3.3.2.1　制造商对产品溯源进行初始化

制造商作为第一个合法节点需要完成溯源初始化操作,包括以下过程。

①将每个产品与 RFID 标签绑定,产品上标有产品唯一序列号 f,RFID 标签具有标签唯一识别号 ID,序列号 f 与识别号 ID 具有一一对应关系。

②生成标签密码 pwd,标签密码包括读取密码 pwd^a 和杀死密码 pwd^k,并用 RFID 读写器写入 RFID 标签的 reserved memory(保留区)。

③第一个合法节点向每一个产品标签发送 lock 命令,将标签中存储标签

密码 pwd 的 reserved memory 设为永不可读、永不可写,将存储标签的 EPC (electronic product code,可理解为标签的 ID 号)存储块设为可读但不可写,将标签中存储数据的 user memory(用户分区)设为可读,写入条件为标签读取密码 pwd^a。

④采集标签的物理层信息 BLF(backscatter_link frequecy,反向散射链路频率),并计算标签物理层特征码 m 和对应的签名 S。

⑤第一个合法节点对每一个产品计算产品的线下认证码 a_0,完成对产品溯源的初始化操作。产品的线下认证码

$$a_0 = H(ID\|f\|pwd\|r) \tag{3-7}$$

其中,$H(\cdot)$ 指哈希函数 ID 是标签唯一识别号,f 是产品唯一序列号,pwd 是标签密码,r 是一个随机数。

3.3.2.2 产业链其余合法节点处理流程

产业链中的剩余合法节点依次对溯源初始化操作后的产品进行产品处理,包括以下过程:

①将产品的线下认证码写入标签的 user memory 中;

②通过上一合法节点的线下认证码 a_{x-1} 计算得到产品的线上认证码 b_x;

③以哈希运算后的帮助码 $H(h_x)$ 为对称加密的密钥加密标签 ID,得到加密后的标签 ID_x;

④在区块链平台上发送一笔交易,交易由前 $N-1$ 个合法节点 v_x 发给下一个合法节点 v_{x+1},交易内容为"From:i_{v_x},To:$i_{v_{x+1}}$,Data:……,[ID_x,b_x],……"其中,i_{v_x} 和 $i_{v_{x+1}}$ 是合法节点 v_x 和合法节点 v_{x+1} 在区块链平台上的地址;

⑤合法节点 v_x 将 [h_x,m,S] 信息加密后通过网络安全信道发给合法节点 v_{x+1},完成产品处理。

其中,最后一个合法节点 v_N 进行产品处理的步骤如下:

①生成线下认证码 a_N,给标签中写入一个任意值;

②生成线上认证码 b_N、帮助码 h_N 和加密后的标签 ID_N;

③向消费者索取安全码 u 和公开码 w,安全码 u 是消费者的支付交易流水号,公开码 w 则是消费者自己任意指定的;

④利用消费者提供的安全码 u 加密产品标签信息,生成信息码 g;

⑤最后一个合法节点在区块链平台上发送一笔交易,交易内容为"From:i_{v_N},To:i_{v_1},Data:$[ID_N,b_N,f,w,g,S]$",其中,w 是消费者指定的公开码;

⑥给消费者提供内容为"$[i_{v_N},i_{v_1},ID_N,a_N,f,w,g,S]$"的票据,票据为电子票据或纸质票据,若为电子票据,最后一个合法节点用自身私钥对票据进行签名,若为纸质票据,最后一个合法节点加盖具有防抵赖性质的公章或使用其他防篡改防抵赖手段。

3.3.2.3　产品认证流程

①读取产品标签的 ID'' 及其存储的线下认证码 a''_{x-1},上标"″"是指从产品标签中读取的数据或由该读取的数据计算得到的结果。

②通过上一合法节点发送的帮助码 h'_{x-1},得到标签唯一识别号 ID、产品唯一序列号 f、标签密码 pwd、随机数 r,以及上一合法节点在该条供应链上的次序号 $x-1$,通过帮助码计算加密后的标签识别号 ID_{x-1},利用加密后的标签识别号 ID_{x-1} 在上一合法节点发来的交易中查询对应的记录 $[ID'_{x-1},b'_{x-1}]$,上标"′"是指从区块链平台中获取的数据或由该数据计算得到的结果。

③通过线上认证码 b'_{x-1} 计算线下认证码 a'_{x-2}。

④验证线下认证码 a''_{x-1} 是否是 a'_{x-2} 合法的签名。

⑤验证标签密码 pwd 与物理层特征 BLF 是否符合,标签密码 pwd 通过协议进行验证,发送一次性的随机信号,采用信道随机化方法使得标签密码的回复与随机信号叠加在一起;用上一合法节点提供的特征码 m 对应的签名 S 对特征码进行验证。若验证均通过,提取物理层特征 BLF。

⑥验证区块链平台中的所有前序交易中的记录是否正确,通过验证所有签名是否正确来判断所有的交易内容是否合法。

⑦验证产品认证码 a'_0,如果上述所有的验证步骤全部通过,则产品认证成功。

3.3.2.4 消费者检验

（1）消费者线上认证流程

①通过最后一个合法节点提供的票据中提供的明文信息，在区块链平台中按照关键字查询相关交易，若存在，查到信息"From：i_{v_N}，To：i_{v_1}，Data：$[ID'_N, b'_N, f', w', g', S']$"。

②检查产品上印刷的唯一产品号 f 以及自身设置的公开码 w 是否与区块链平台中公开的一致。

③查询区块链平台上的信息进行产品认证，通过验证所有签名是否正确来判断所有的交易内容是否合法。

④验证产品认证码 a'_0。

⑤验证标签物理层特征 BLF 是否被篡改，用第一步中查询到的签名 S' 进行验证，如果以上所有的验证步骤全部通过，则线上产品认证成功；否则，线上产品认证不成功，产品为赝品。

（2）消费者线下认证流程

①认证节点根据消费者提供的合法票据上的信息，在区块链平台中查询相关交易，若存在，则获得交易信息"From：i_{v_N}，To：i_{v_1}，Data：$[ID'_N, b'_N, f', w', g', S']$"。

②认证节点根据消费者提供的产品读取产品标签 ID''。

③认证节点帮助消费者进行线上产品认证。

④认证节点验证产品标签 ID'' 是否正确。

⑤认证节点通过 RFID 设备验证标签密码 pwd 和物理层特征 BLF。

3.3.3 实验评估

3.3.3.1 外部攻击

外部攻击是指由完全来自产业链外部的攻击者进行的攻击，该攻击者能获取全部区块链平台上的公开信息，并且拥有 RFID 读写设备，能够在商品离开安全可靠的保存点的沿途随时发动攻击，具体如下。

①产品替换攻击:是指外部攻击者将合法产品替换为赝品。该攻击能够很容易检测到。由于外部攻击者没有厂商密码,因此无法将替换后的产品标签写入正确的产商密码 pwd,在下个合法节点处能够通过密码验证轻易检测到该赝品。

②合法节点假冒攻击:是指外部攻击者想通过一定手段假冒合法节点,如在区块链平台上发布虚假信息。该攻击也很容易检测到,由于不会有合法节点发给该外部攻击者相关的交易,因此该攻击者无法成为任何合法节点的下一跳节点,因此无法生成有效的溯源数据。

③已知明文攻击:是指外部攻击者通过获得的明文和密文,破解合法节点的密钥。本节的产品溯源系统中,公开的内容并非合法节点直接加密的线下认证码 a_{x-1},而是一个线上验证码 b_x,只有得知每一个标签的帮助码 h_x,才能得到对应的线下认证码 a_{x-1}。这使得外部用户在没有帮助码时,无法得到签名的内容,即线下认证码 a_{x-1}。

④信号复制攻击:是指外部攻击者通过一些信号复制设备,复制正品标签的信号,在认证时重放出来,以此通过产品认证。本系统能够抵御信号复制攻击。由于这一类信号复制设备并不是真正的 RFID 标签,因此无法被合法节点利用商用 RFID 协议中的写命令写入内容,因此,合法节点通过检查写命令是否能正常写入内容,即可发现信号复制攻击。

⑤密码暴力破解攻击:是指攻击者获得了正品标签,通过不停地尝试标签密码的方式,企图找到正确的标签密码。由于本系统的密码验证方式能够验证 48 位密码,而尝试一次密码至少需要 0.02 秒,因此,如果通过暴力破解攻击找到标签密码,平均需要约 89255 年。因此,本系统能够抵御密码暴力破解攻击。

⑥密码窃听攻击:由于本系统在密码验证过程中采用了信道随机化的方法,因此能够很好地保护密码不被攻击者窃听,如图 3-19 所示,窃听者的平均位错误率为 49.48%,非常接近于随机猜测。因此,本系统能够抵御密码窃听攻击。

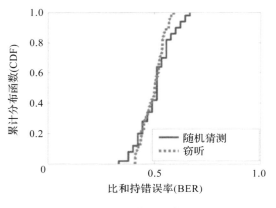

图 3-19   位错误率

⑦产品线上追踪攻击：是指攻击者通过观察区块链平台中的交易数据，对某个产品的分销流程和去向进行追踪。本系统能够抵御该攻击。这是因为对于某个产品标签识别码为 ID 的产品，它在区块链平台上对应的数据为加密后的 $ID_1, ID_2, ID_3, \cdots, ID_N$，即每条记录都不相同，且由于攻击者没有帮助码 h_x，因此也无法对加密后的 ID 进行解码。因此，攻击者只能观察到合法节点间的数据条目数量，但无法判别这些产品的去向，也无法判别哪些数据可能是迷惑信息。

3.3.3.2   合谋攻击

合谋攻击是指合法节点与外部攻击者合谋进行攻击，该攻击者能够获取到合法节点泄露出的一些信息，以此来进行攻击，具体如下。

①升级的产品替换攻击：若某个合法节点泄露了标签的厂商密码和物理层信息，那么攻击者就能够通过该信息去制造"完美"的赝品标签，以此通过产品认证。但是，即使攻击者能够将产品密码直接写入到赝品标签中，他们仍然很难复制标签的物理层特征。这是因为标签的物理层特征是标签在制造过程中的制造机器偏差带来的，并不能通过人为的方式对其进行控制。因此，攻击者即使得知合法标签的物理层特征，也很难找到一个与合法标签具有相同物理层特征的赝品标签。

②内容篡改攻击:是指攻击者如果能够获得标签的厂商密码,则可将标签内的内容进行篡改。但攻击者无法从该种攻击中获利,也无法冒充合法节点发布有效的溯源信息或在标签中写入相应合法的内容。合法节点可以通过其他线下验证方法纠正该错误。

③假冒消费者攻击:是指攻击者通过假冒消费者来要求售后服务。本节的产品溯源系统能够较好地抵御假冒消费者攻击。当攻击者要发起假冒消费者攻击时,他需要:a. 偷取最后一个合法节点提供给消费者的票据;b. 偷取消费者的支付交易记录,以此来辅助证明票据上的安全码 u 的真实性;c. 制造一个赝品,并在赝品上附上(如刻上、印上)正确的产品认证码 f;d. 找到一个"完美"的赝品标签,并使其能够通过合法节点或认证节点的密码验证环节和物理层特征验证环节。事实上,满足上述条件是非常困难的,并且也需要耗费大量的资金来伪造产品和对应的产品标签,因此,攻击者很难从假冒消费者攻击中获利。

④用户安全码泄露攻击:是指零售商泄露用户安全码。该种方式无法为零售商带来任何好处,但却可能会暴露零售商的销售来源信息(攻击者通过用户安全码在区块链平台中获取该产品溯源信息),并会带来虚假售后请求的隐患(攻击者通过用户安全码得知正品信息后,伪造产品要求进行售后服务)。因此,作为一个理智的用户,零售商不会主动泄露用户安全码。

3.3.3.3　内部攻击

①合法节点抵赖攻击:是指合法节点否认自己经手过该批商品。由于每一个合法节点公开在区块链平台上的认证信息都经过了自身的私钥加密,因此本节提出的溯源认证方法类似于数字签名,无法进行抵赖。

②二次销售攻击:是指最后一个合法节点 v_N(一般为零售商),将赝品标签中写入合法商品标签的内容。该种攻击很好检测,由于每一个消费者都需要提供一个公开码,该明文与对应的产品唯一信息码 f 公布在区块链平台上,零售商若将同样信息码 f 的赝品售卖,则无法在区块链平台上发布该用户指定的公开码,且发布具有同样信息码 f 的交易给制造商,也很容易被察觉。

3.3.3.4 小结

本节提出了一种基于区块链与射频标签物理层指纹的全产业链产品溯源认证系统,它支持产业链上的所有合法节点随时对产品进行溯源和认证,对无配套设备和资源的个人用户也能够提供简单易操作的认证服务。同时,它通过区块链技术实现了去中心化的可信溯源,即认证不需要依赖于某个节点的可靠性,认证结果可以直接从区块链平台中公开的信息自行推断。该系统能够抵御包括外部攻击、合谋攻击和内部攻击三大类的十几种形式的攻击,具有较高的安全性。

3.4 基于时序数据的销量预测方法

时序数据是指具有时间序列特性的数据,即按时间顺序记录的数据列,并且在时间维度上其数据结构具有可比性。时序数据是制造业大数据中极其重要的一部分。对时序数据的分布特性进行分析与决策,可以更好地服务生产、经营、销售等应用场景[23-25]。本节提出了基于时序数据的销量预测方法及其神经网络结构。

3.4.1 数据特征分析

本节采用机器学习平台 Kaggle 发布的比赛"store-sales-time-series-forecasting"及其数据集进行理论研究。研究目标是根据大型杂货零售商 Corporación Favorita 的商店销售数据额,对某一时间段指定商店里特点商品的销售数目进行预测。

该数据集包括以下内容。

①train.csv,包含了 2014—2017 年,54 个商店的 33 个品类的商品每天的销售额,以及促销商品的数量信息。

②oil.csv,包含了从 2013 年 1 月 1 日到 2017 年 8 月 31 日的油价信息。

③transactions.csv,包含了各商店每天的销售量数据。

④holidays_events.csv,包含了当地节假日和一些重大地区事件的元数据,包括节假日、事件的类型、日期等。

⑤stores.csv,包含了 54 个商店元数据,包括 city、state、type 和 cluster 四个特征,cluster 表征一系列相似的商店的集合。

在模型设计前,首先对以上文件给出的特征进行了可视化分析和数据预处理,具体将在接下来的部分详细阐述。

3.4.1.1　商店元特征分析

store.csv 提供了 54 个商店的元数据信息,其中商品和其所在的城市是一个较为明显的待分析关系。通过聚类商店和其所在的城市信息,提取出每个城市所含待统计的商店数目如图 3-20 所示。

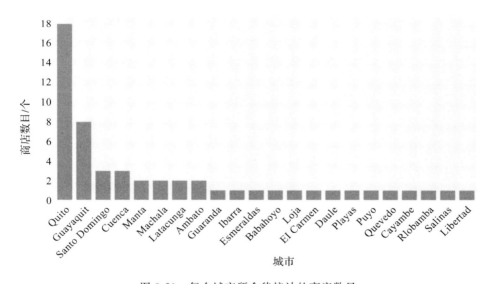

图 3-20　每个城市所含待统计的商店数目

商店在各城市的分布并不平均,商店的一天内所有商品的销售额总和即日销售额(sales)可能会受城市类型的影响。通过分析城市(city)和 sales 之间的关系得出,不同类型城市所有商店的月均和年均销售额均表现出了明显的差异,例如 Quito 和 Cayambe 两座城市,它们的月/年销售额稳居第一、第二。整体上可以认为 city 是影响 sales 的一个因素,理论上可以作为一个特征;但是这不能说明两者存在直接关联,因为 sales 也可能受商店的类型等其他因素影响。通过分析商店的 sales 与商店编号(store_nbr)得出,各个商店的销售数据随着月份变化的趋势较为一致,同时各个商店间的销售数据差异较为稳定,各商店每个月的销售额有明显差异,对于一些月销售额较高的商店,它们所在城市的商店整体的销售营收情况往往不错,两者表现了较高的相关性,因此 city 与 sales 之间的相关性,很可能是因为受到了 city 与 store_nbr、sales 与 store_nbr 的关系的影响。

3.4.1.2　销售额的时序相关性分析

根据日常经验,某一商店的 sales 与其过往的 sales 是有关的。即对于各个商店,某天的 sales 和该天前 N 天的 sales 应该存在较大的相关性,所以选用前 N 天的 sales 为特征作为网络的输入。本节选取了某天前 9 天的 sales,分别计算其与该天的 sales 间的相关系数。结果如表 3-6 和图 3-21 所示。

表 3-6　某天前 9 天 sales 与该天 sales 的相关系数

天序数	1	2	3	4	5	6	7	8	9
相关系数 r	0.861	0.894	0.936	0.901	0.871	0.869	0.872	0.879	0.919

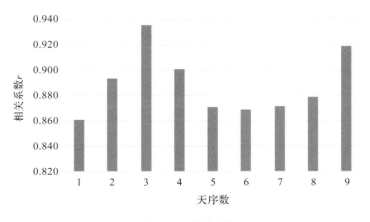

图 3-21　相关系数

　　通常 pearson 相关系数 r 在 0.800 以上可认为数据之间存在较大的相关性。所以根据上述结果可以得出,某天的 sales 与其之前的 sales 存在较大的相关性。所以选用某天前 N 天的 sales 作为特征之一,对该天 sales 进行预测。设置窗口值为 w_size,表示将前 w_size 天的 sales 作为本节销量预测神经网络输入。

　　如图 3-22 所示(苏克雷为厄瓜多尔货币),各商品品类(family)的日最大销售额与平均销售额指不同 family 的商品的 sales 最大值和 sales 平均值,可以看出,不同的 family 的商品之间的 sales 平均值与最大值都存在较大的差异,所以 family 信息对于预测 sales 将具有较大的作用。

　　然后进一步分析日期与 sales 的数据关系,如图 3-23 所示,一周内,周五与周六两天的 sales 平均值是明显高于其他时间的,而周三的 sales 平均值是明显低于其余时间的,所以需要预测的日子是星期几对于预测该天 sales 具有一定的意义。

　　onpromotion 表示在促销商品的数量,通过计算,其与 sales 的 pearson 相关系数 r 为 0.446,说明 onpromotion 与 sales 之间的相关性不大,所以不选用该信息进行预测。

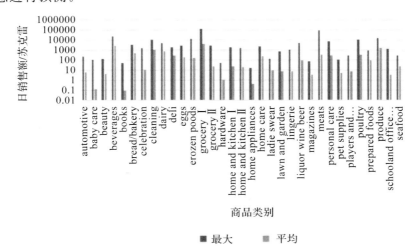

图 3-22　各个品类商品的日 sales 最大值与 sales 平均值

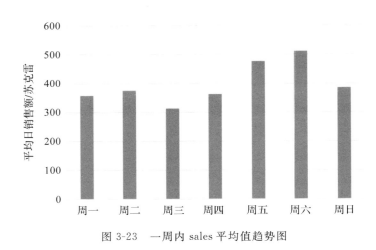

图 3-23　一周内 sales 平均值趋势图

3.4.1.3　油价信息分析

油价信息可能会影响相关商品的售价,所以对于销售额存在潜在影响。oil.csv 文件提供了包含测试集和训练集上的日期的油价统计,不过存在部分数据缺失。将缺失的油价向前补全后,得出油价变化的折线统计图如图 3-24 所示。可以看出其与 sales 的数据相关性较低,因此不选用其作为特征。

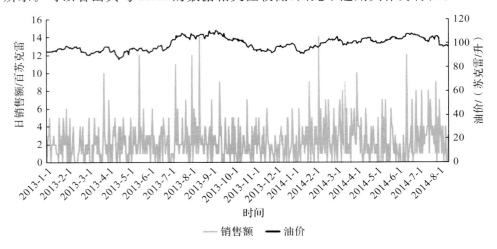

图 3-24　国际油价日变化

根据以上分析,最终选取销量预测神经网络的输入特征为:w_size 天的日销售额(sales),月份(month),日期(date),星期几(week),商品品类(family),商店编号(store_nbr),商店所在城市(city)。

3.4.1.4　数据预处理

结合以上分析,对样本特征进行相应的数据预处理。其中 month,date,week,family,store_nbr,city 这些特征表示的是样本的状态而非程度的度量,所以需要进行一定的编码操作,帮助预测模型进行理解,这里使用的是 one-hot编码。

w_size 天的 sales 属于数值数据并不需要编码,但是如果直接将数据作为网络输入会导致收敛过慢,所以对于上述选取的数据都进行归一化处理。归一化的方式采用最大最小值归一化,公式为

$$x' = \frac{x - \min(x)}{\max(x) - \min(x)} \tag{3-8}$$

sales 数据中,不同品类的商品之间差异较大,通过统计,一共有 33 类商品,33 类商品的 sales 有着非常大的差异。

不同品类商品的月均销售额有明显的差异,例如 grocery Ⅰ,它作为日常用品一类而销售数据持续保持在一个较高水平,这一类商品的 sales 最大值为124717 苏克雷,而销售数据最低的 home applances 这一类商品的 sales 最大值仅仅为 15 苏克雷。同时,不同品类商品的 sales 平均值差异也较大,各个品类中 sales 平均值最大的为 4000.039 苏克雷,而最小的平均值仅为 0.09032 苏克雷。可以看出 sales 在商品 family 这个特征上表现的差异性不容忽视,如果不考虑商品品类直接统一进行归一化,会导致数据分布严重失衡。因此考虑采用分类归一化的方式对 sales 数据进行处理,即每个品类都减去此品类的最小值,再除以此品类的最大值与最小值的差值。实验中发现,该方式提升了销量预测神经网络的性能。

3.4.2　销量预测神经网络结构设计

本节所选取的特征中,包含了过往销售额这样的时序数据和商店编号、商品品类等非时序数据。对于时序数据,可使用时序网络模型来捕捉其上下文的

相关性,进行特征提取。因此将神经网络设计为两阶段的模式。

3.4.2.1 网络结构

第一阶段,使用 GRU(gate recurrent unit,门控循环神经网络)模型对时序的过往销售额进行特征提取。第二阶段,将 GRU 提取出的特征与非时序数据进行融合,进行最终的结果预测。网络的整体结构如图 3-25 所示。

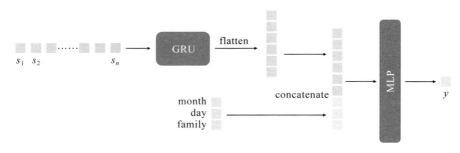

图 3-25　网络结构图

注:MLP(multi-layer perceptron)为多层感知器,flatten 为展平操作,concatenate 为联结操作,y 为网络输出预测值。

其中 GRU 是对 LSTM(long short term memory netwonk,长短期神经网络)的改进,其在绝大多数的任务中性能与 LSTM 相当,但是 GRU 计算量较 LSTM 更小。LSTM 结构总共有三个门:遗忘门、输入门、输出门。而 GRU 进行了简化,仅包含重置门与更新门。

GRU 的典型结构如图 3-26 所示。其中,x_t 表示 t 时刻的输入;h_{t-1} 表示 $t-1$ 时刻的隐藏状态,其也是 $t-1$ 时刻 GRU 的输出,携带了上文的信息。

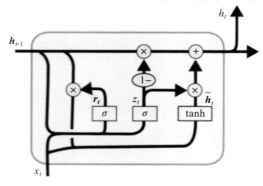

图 3-26　GRU 结构

r_t 被称为重置门，其将 h_{t-1} 与 x_t 拼接作为输入，与权重矩阵 W_r 相乘之后，通过 sigmod 函数进行激活，生成与 h_{t-1} 形状相同的矩阵 r_t。在 r_t 中各元素值位于 $[0,1]$，各元素表示门控状态。其形式化的表达为

$$r_t = \sigma(W_r \cdot [h_{t-1}, x_t] + b_r) \tag{3-9}$$

z_t 被称为更新门，其生成过程与 r_t 类似。z_t 中的各元素值同样都位于 $[0, 1]$，表示门控状态；门控信号越接近 1，代表记忆下来的过去的数据越多，而越接近 0 则代表遗忘的过去数据越多。其形式化的表达为

$$z_t = \sigma(W_z \cdot [h_{t-1}, x_t] + b_z) \tag{3-10}$$

其中，σ 指 sigmoid 激活函数，b_c 和 b_z 为可学习的网络参数。

$\widetilde{h}_t$ 被称为候选隐藏层状态，其由 tanh 函数激活。

$$\widetilde{h}_t = \tanh(W_{\widetilde{h}} \cdot [r_t * h_{t-1}, x_t] + b_{\widetilde{h}}) \tag{3-11}$$

生成最终的隐藏状态

$$h_t = (1 - z_t) * h_{t-1} + z_t * \widetilde{h}_t \tag{3-12}$$

其中，$*$ 表示按位乘，$b_{\widetilde{h}}$ 为可学习的网络参数。

通过 GRU 提取时序数据的特征之后，在第二阶段，将提取的特征与商品品类、商店编号等进行拼接后，作为 MLP 的输入。再通过多层全连接神经网络，生成最后的预测输出。

3.4.2.2　损失函数

销量预测神经网络的输出是单数值，代表预测的日销售额。前文的数据分析中已经提到，商品的日销售额在不同商品品类上会呈现较大的差异。对于日销售额为 10000 苏克雷的商品，能够容忍 50 的预测误差，而对于日销售额为 60 苏克雷的商品，则难以忍受。因此，在预测误差同样是 50 的情况下，对于日销售额为 10000 苏克雷的商品和日销售额为 60 苏克雷的商品所赋予的损失应该是不同的。考虑到上述问题，此处使用损失函数

$$\text{loss}(\widehat{y_i}, y_i) = \sqrt{\frac{1}{n}\sum_{i=1}^{n}\left[\ln(1 + \widehat{y_i}) - \ln(1 + y_i)\right]^2} \tag{3-13}$$

其中，$\hat{y_i}$ 表示第 i 天的日销售额的预测值，y_i 表示第 i 天的日销售额的真实值。通过对数化，日销售额越高的商品，对误差的容忍度越高，而日销售额越低的商品，对误差的容忍度越低。

3.4.3 实验评估

3.4.3.1 参数设置

首先测试了 GRU 的层数（num layers）对指标结果的影响，层数与 MSE（均方误差）的关系如图 3-27 所示，层数与损失的关系如图 3-28 所示，损失与 MSE 均在层数为 3 时最小。

然后测试了 MLP 的层数对于指标结果的影响，MLP 层数与 MSE 的关系如图 3-29 所示，MLP 层数与损失的关系如图 3-30 所示。在层数达到 5 之前，模型在验证集上的 MSE 随着层数的增加显著降低，在测试集上的损失也不断降低，但是当层数达到 5 后，随着层数降低，MSE 依然在降低，但是损失却在上升。所以最后选取 MLP 层数为 5。

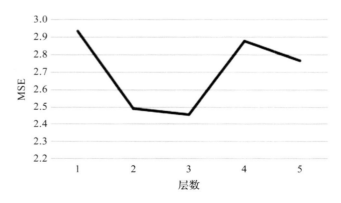

图 3-27　层数与 MSE 的关系

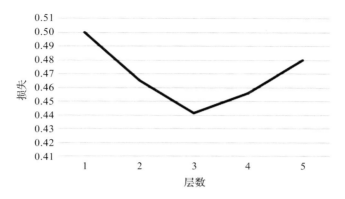

图 3-28 层数与损失的关系

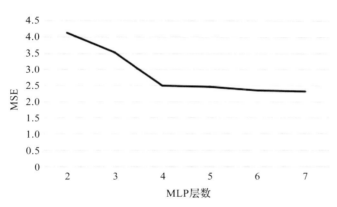

图 3-29 MLP 层数与 MSE 的关系

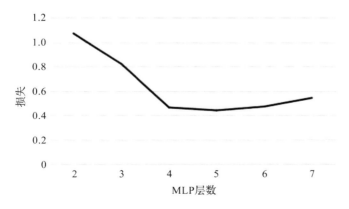

图 3-30 MLP 层数与损失的关系

根据上述实验结果,最终选择模型参数设置如表 3-7 所示。GRU 的层数为 3,GRU 生成的隐藏状态表示的大小为 3,MLP 为 5 层的全连接神经网络,节点数分别为 256,128,64,32,1。最后选用 MSE 作为损失函数,使用 SGD (stochastic gradient descent,随梯度下降)优化器,初始学习率为 0.1.学习率衰减率为 0.9,每个 epoch 衰减一次。

表 3-7　模型参数设置

参数	值
GRU num_layers	3
GRU hidden_size	3
MLP 层数	5
初始学习率	0.1
学习率下降率	0.9
w_size	30

3.4.3.2　实验结果

最终的测试结果如表 3-8 所示。研究团队测试了使用 GRU 和 MLP 的结果;不使用 GRU,而直接使用 MLP 将前 9 天的日销售额数据和其他特征一同直接作为 MLP 的输入的情况下的结果;以及只使用了前 9 天的日销售额数据作为模型输入,没有融合其余的非时序数据(例如月份和商品类别等)在预测中发挥了重要作用的结果(即表中带 * 的模型)。表中结果可以看出,GRU＋MLP 网络结构的预测结果 MSE 最低,表明了 GRU 以及非时序数据在预测中发挥了重要作用。

表 3-8　不同模型的测试结果

模型	MSE	损失
GRU＋MLP	2.4541	0.44122
MLP	3.1431	0.51823
GRU＋MLP *	3.2648	0.58590

3.4.4　小结

使用过往销售数据对未来的销售数据进行预测具有较强的现实意义。销售预测是决定生产排产计划的核心因素,借助精准的销售预测,可以科学合理地安排采购与生产进度与计划,从而解决采购、生产和销售之间的矛盾,使得效益最大化。本节研究团队提出了一个两阶段的销量预测神经网络模型,融合了时序数据历史销售额与非时序数据,并通过设计损失函数平衡了不同品类商品的销售额间的差异。实验结果显示,该网络模型取得了较好的效果。

参考文献

[1]刘巧雪. 三维网格模型分割的研究及其在人体测量中的应用[D]. 上海:东华大学,2022.

[2]Kolotouros N,Pavlakos G,Black M,et al. Learning to reconstruct 3D human pose and shape via model-fitting in the loop[C]// IEEE. 2019 IEEE/CVF International Conference on Computer Vision (ICCV). New York:IEEE,2019:2252-2261.

[3]Zeng W,Ouyang W,Luo P,et al. 3D human mesh regression with dense correspondence[C]// IEEE. 2020 IEEE/CVF Conference on Computer Vision and Pattern Recognition (CVPR). New York:IEEE,2020:7052-7061.

[4]Kolotouros N,Pavlakos G,Jayaraman D,et al. Probabilistic modeling for human mesh recovery[C]// IEEE. 2021 IEEE/CVF International Conference on Computer Vision (ICCV). New York:IEEE,2021:11585-11594.

[5]吴在强. 基于参数化模型的三维人体姿态重建研究[D]. 杭州:浙江大学,2020.

[6]Xue H,Ju Y,Miao C,et al. MmMesh:towards 3d real-time dynamic human mesh construction using millimeter-wave[C]// Association for Computing Machinery. MobiSys' 21:Proceedings of the 19th Annual International Conference on Mobile Systems,Applications,and Services . New York:Association for Computing Machinery,2021:269-282.

[7]Zhao M,Liu Y,Raghu A,et al. Through-wall human mesh recovery using radio signals[C]// IEEE. 2019 IEEE/CVF International Conference on Computer Vision (ICCV). New York:IEEE,2019:10112-10121.

[8]Xue H,Cao Q,Ju Y,et al. M⁴esh:mmwave-based 3d human mesh construction for multiple

subjects[C]// Association for Computing Machinery. SenSys' 22：Proceedings of the 20th ACM Conference on Embedded Networked Sensor Systems. New York：Association for Computing Machinery，2022：391-406.

[9]Ding H，Chen Z，Zhao C，et al. MI-Mesh：3D human mesh construction by fusing image and millimeter wave [J]. Proceedings of the ACM on Interactive，Mobile，Wearable and Ubiqui-tous Technologies，2023，7(1)：1-24.

[10]熊华煜,余勤,任品,等.基于机器学习的音频分类[J].计算机工程与设计,2021,42(1)：156-160.

[11]付伟男.电机异音检测技术的研究[D].杭州:浙江大学,2018.

[12]李昊轩.基于深度学习的音频事件分类研究[D].北京:北京邮电大学,2020.

[13]Muller R，Illium S，Linnhoff-Popien C. Deep recurrent interpolation networks for anoma-lous sound detection[C]// IEEE. 2021 International Joint Conference on Neural Networks (IJCNN). New York：IEEE，2021：1-7.

[14]Ding H，Song W，Zhao C，et. al. Knowledge-graph augmented music representation for genre classification [C]// IEEE. ICASSP 2023 - 2023 IEEE International Conference on Acoustics，Speech and Signal Processing (ICASSP). New York：IEEE，2023：1-5.

[15]辛圣瑶,刘俊艳,蓝颖慧.基于区块链的进口产品溯源设计[J].价值工程,2022,41(35)：166-168.

[16]宋丽娟.基于区块链的产品溯源系统研究[J].信息与电脑(理论版),2022,34(16)：81-84.

[17]游涛.关于区块链理念下的数据溯源的方法探索与思考[J].中国新通信,2022,24(15)：59-61.

[18]Lian J，Li Y，Xie H，et al. An efficient blockchain-based approach for secure data sharing in industrial Internet of Things [J]. Journal of Parallel and Distributed Computing，2019，127：78-87.

[19]Casado-Vara R，Prieto J，La Prieta F D，et al. How blockchain improves the supply chain：case study alimentary supply chain[J]. Procedia Computer Science，2018，134：393-398.

[20]Wang S，Zhu S，Zhang Y. Blockchain-based mutual authentication security protocol for dis-tributed RFID systems[C]// IEEE. 2018 IEEE Symposium on Computers and Communica-tions (ISCC). New York：IEEE，2018：74-77. DOI：10. 1109/ISCC. 2018. 8538567.

[21]Mondal S，Wijewardena K P，Karuppuswami S，et al. Blockchain inspired RFID-based information architecture for food supply chain [J]. IEEE Internet of Things Journal，2019，6(3)：5803-5813.

［22］Wang G，Shi S，Wang M，et. al. RF-Chain：decentralized，credible ，and counterfeit-proof supply chain management with commodity RFIDs ［J］. Proceedings of the ACM on Interactive，Mobile，Wearable and Ubiquitous Technologies. 2023,6(4):1-28.

［23］郝鸿延. 基于前馈神经网络的时间序列预测问题研究［D］. 南京:南京大学,2021.

［24］胡鹏程. 基于时间序列的挖掘机销量预测算法及应用研究［D］. 南京:东南大学,2021.

［25］章旭. 基于时间序列分析的汽车销量预测研究［D］. 合肥:合肥工业大学,2017.

第4章　数据空间原型系统的构建

4.1　数据湖原型系统设计

用于验证数据层功能和性能的数据湖原型系统架构如图 4-1 所示，其主要分为两部分，即大数据处理引擎和数据存储。数据存储包括结构化和非结构化大批量数据的分布式存储和管理，而大数据处理引擎分别以批处理和流处理两种方式对实时任务和离线任务进行处理。图中点划线框内的部分为已经实现并完成性能测试的构件，虚线框内是还未进行性能测试的构件。

（1）数据存储部分

数据存储部分能够批量上传、存储和管理结构化或非结构化的数据。其主要包括节点状态监测、用户权限管理、结构化数据存储和非结构化数据存储四部分接口。

①节点状态监测。包括访问各分布式存储节点的可用性、存储空间状态等，可查看节点是否在线并且为可存储状态，查看节点总空间容量、已存储占用容量和剩余容量等，如图 4-2 所示。

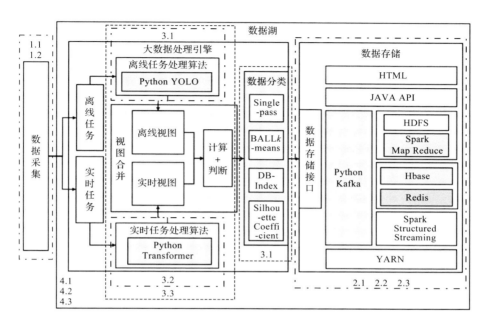

图 4-1 用于验证数据层功能和性能的数据湖原型系统架构

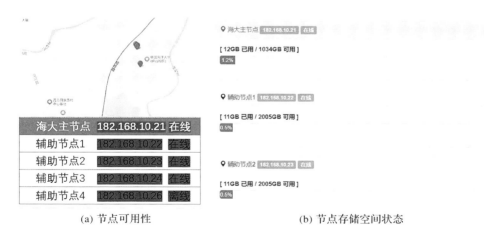

(a) 节点可用性   (b) 节点存储空间状态

图 4-2 节点状态监测

　②用户权限管理。包括创建新用户、登录验证、授权用户权限和管理下层用户等接口,可控制特定用户对数据湖中不同机构、部门存储的数据的访问授

权。仅授权用户才能调阅不属于本机构或本部门的存储数据。

③结构化数据存储。存储传统数据库中的结构化数据,并为传统数据库中数据的批量上传提供数据表创建、数据插入、数据删除和数据更新接口,以实现传统结构化数据库与分布式非结构化数据库之间的无缝衔接。其底层由基于HDFS 的 HBase 分布式数据库实现,经 Kafka 队列缓存,具备在大规模存储集群上存储数据、高效检索数据的能力,具有高拓展性。

④非结构化数据存储。用于存储上传到数据存储模块中的非结构化数据,如图片、视频、音频、文本以及数据表格等。提供数据上传、数据状态查询、数据存储位置查询、元数据查询、数据下载和数据删除等接口。可实现对数据湖中大批量非结构化数据、分布式存储的统一管理。其底层由基于 HDFS 的大文件存储、基于 HBase 的小文件存储和中型文件内存临时存储实现,具备在大规模存储集群上部署,并进行存储数据、检索数据的拓展能力。

(2)大数据处理引擎

包括离线任务处理和实时任务处理两部分。

①离线任务处理。针对全量数据,进行定时启动的遍历处理,可完成模型训练、全量数据统计分析,以及跨部门、跨机构的数据调度和计算任务。这些任务一般默认在系统空闲时执行,用户也可自定义执行时间或选择立即执行。离线任务处理部分将对所有数据湖中符合筛选条件的数据文件,通过离线任务Python脚本的循环调用进行遍历,完成最终统计结果。

②实时任务处理。针对实时传入系统的增量数据(如监测传感数据、接入的视频流数据等)进行增量分析。实时任务处理部分将按照数据采集流的格式,选择与其匹配的 Python 流处理脚本对其进行处理和分析。得到处理结果后,再对结果进行显示,或进行其他判断、分析,然后调用数据存储接口,将结果存储于数据湖数据存储模块中。实时视频流的采集接入及其相对应的实时任务处理架构如图 4-3 所示。

视频流数据采集可接收 HTTP 或 RTMP 格式等常见流式视频数据。流数据接入时,需要配置视频流服务的用户名、密码、地址、设备类型、播放类型、

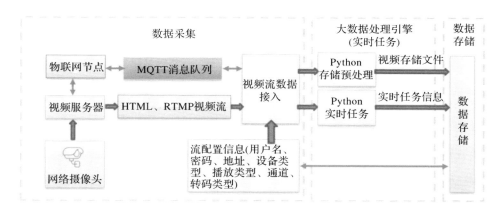

图 4-3　实时视频流采集接入处理架构

通道和转码类型等。配置完成后,数据采集接口(图 4-1 左侧)会将视频流服务启动请求添加至 MQTT 消息队列;相应物联网节点收到消息后会检查用户权限并确认视频流服务可访问性,然后将视频流地址通过 MQTT 再推送回流数据汇集接口;最终,流数据汇集接口通过访问视频流所在的地址,完成流数据的接入。数据汇集节点上带有流数据接口,接入数据汇集节点的视频流数据通过预处理被分割成时长均匀的视频文件,在 Kafka 队列缓冲后,存储到数据存储模块的 HDFS 的分布式节点中。在此过程中,可以选择使流数据经过 Python流数据实时处理脚本,例如用于提取视频中出现物品类别的元数据特征提取程序,它可以提取到当前视频时间段内的图像特征,这将使视频流在存储时具备除了流名称、位置、时间等信息之外更丰富的细节标签,便于后续的数据查询和调取处理。

4.2　制造业图像数据定位分析

制造业的多源异构数据中除了音频外,图像和视频等非结构化数据也包含了许多重要的信息,对图像数据中的物体进行定位分割有助于进一步确定故障的部位为后续音频数据与图像数据的融合分析提供基础。

4.2.1　整体架构

图像数据定位分析系统的整体架构如图 4-4 所示,遵循标准的编码器—解码器结构。研究团队使用经过 ImageNet[1]预训练的 ResNet50[2]作为提取精确特征的编码器,将 ResNet50 输出的特征表示为 E^i。解码器的特征表示为 D^i。高层次的特征如 E^5,包含最丰富的语义信息,但缺乏位置信息,而低层次的特征,如 E^1,包含位置信息,但混有噪声。故在编码器中设置了全局位置嵌入模块,减少噪声后再将位置信息传递给解码器,而不是在编码器和解码器之间直接进行连接。经过全局位置嵌入模块后,D^i 包含丰富的位置和语义信息。然后由物体细化模块在解码器与编码器间将特征进一步细化。最后,对细化的特征进行上采样,再经过四个卷积层,生成辅助预测。这些辅助预测在生成最终的结果时会被考虑到(用于计算辅助损失)。

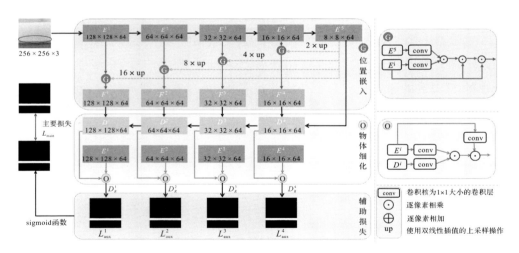

图 4-4　系统整体架构

注:G 代表全局位置嵌入(global position embedding),O 代表物体细化模块(object refine module)。

4.2.2　全局位置嵌入模块

U 型全卷积网络通常被用于图像的定位分割。由于 CNN(convolutional neural netwonk,卷积神经网络)的固有特性,使用金字塔形结构提取的特征表现出不同的层次和包含不同的信息。高层次的特征包含丰富的语义信息,适用于图像分类,但缺少区分具体像素点的信息。而低层次特征包含丰富的物体位置信息,但缺乏高级语义信息来区分各个物体。所以将多层次特征适当融合是问题的关键。将不同层次的特征串联起来可以简单有效地解决问题。然而,在多层次特征中存在一些冗余信息,特别是低层次特征中的噪声。编码器的低层次特征中无用的背景噪声阻碍后续系统生成准确的结果。故研究团队提出了全局位置嵌入模块,它用于尽量减少编码器处的低层次和高层次特征之间的差异,并利用高层次特征的语义信息来抵制低层次特征的噪声。经减噪处理后,这些丰富的位置信息将被发送到解码器。多层次特征具体融合方式为

$$\widetilde{E^5} = \text{upsample}(E^5)$$
$$A^i = \text{conv}_1(E^i) \times \text{conv}_2(\widetilde{E^5})$$
$$F^i = E^i \times (1 + A^i) \tag{4-1}$$

其中,E^5 为编码器高层次特征,E^i 为低层次特征,A^i 为中间过程产生的融合注意力图,F^i 为全局位置嵌入模块的输出结果。

位置嵌入处理中的一个分支是包含丰富的全局语义信息的高层次特征 E^5,另一个分支是低层次特征,如 $E^1 \sim E^4$。首先对 E^5 进行适当的上采样 (upsample),使其空间分辨率与另一分支的空间分辨率相匹配。然后将卷积层与批量归一化分别应用于这两个分支。同时,引入 ReLU 激活函数捕捉非线性。然后这两个分支之间的元素相乘得到融合注意力图。将低层次的特征与这些注意力图相乘以突出物体区域。最后,使用残差学习的方法将位置嵌入的结果 F^i 添加到原始的低层次特征中。

4.2.3　物体细化模块

全局位置嵌入模块旨在传递物体的大致位置信息并去除一些低层次的

噪声。然而物体和背景之间的边界还需要进一步地精炼。故研究团队提出了物体细化模块来细化突出的物体区域，并获得更好的最终结果。与全局位置嵌入模块不同的是，物体细化模块的工作在解码阶段，经过编码器中的多层次特征融合后，此时传入解码器的特征包含了丰富的语义信息和较少的噪声。同时，鉴于低层次特征为重建物体边界保留了更精细的空间细节，用户可以直接将编码器的低层次特征融合到解码器中。物体细化模块利用低层次特征的丰富位置信息来进一步完善结果，而不需要任何额外的监督信息。其整个处理过程为

$$W^i = \text{conv}_3(E^i) \times \text{conv}_4(D^i)$$

$$\widetilde{E}^i = \text{conv}_5(E^i)$$

$$R^i = W^i \times \widetilde{E}^i$$

$$D_R^i = \text{conv}_6\big[\text{concat}(D^i, R^i)\big] \qquad (4\text{-}2)$$

其中，W^i 为注意力权重，E^i 为编码器低层次特征，D_R^i 为物体细化模块的输出结果。

与全局位置嵌入模块不同的是，高层次特征 E^5 在此时变得不重要，$E^1 \sim E^4$ 的位置信息将被其对应的解码器特征 $D^1 \sim D^4$ 在解码阶段彻底利用，以进一步精确定位。首先对每一对特征 E^i 和 D^i 应用两个独立的卷积层，以及批量标准化和引入 ReLU 激活函数。成对的特征通过乘法进行转换和融合，得到注意权重 W^i。原始特征 E^i 也将通过一个额外的卷积层进一步减少噪声。然后得到精炼的注意力结果 R^i。最后，将 D^i 和 D_R^i 指接起来得到最终的精炼特征。

4.2.4　损失函数

使用标准的二分类交叉熵损失来训练系统网络以实现快速收敛。在训练阶段，输出将被归一化为 $[0,1]$ 的 sigmoid 函数。BCE(binary cross entropy，二次交叉熵)测量每个像素的输出 O 和标签 Y 之间的关系。以所有损失的平均值为最终的损失，它可以表示为

$$L = -\frac{1}{H \times W} \sum_{i=1}^{H} \sum_{j=1}^{W} \{Y_{ij}\lg[\sigma(O_{ij})] + (1-Y_{ij})\lg[1-\sigma(O_{ij})]\} \quad (4\text{-}3)$$

其中，H 和 W 分别表示输出的高度和宽度，σ 是 sigmoid 函数。

解码器中的每个特征将产生一个突出的输出，用于计算辅助损失。具体来说，应用四个带有双线性插值的卷积层产生四个辅助输出，然后用 sigmoid 函数将它们的值归一化到 $[0,1]$。将这四个辅助输出沿着通道维度拼接起来计算出主要的损失，最后在拼接的基础上使用卷积层生成最终的显著性输出，总的损失函数可以表示为

$$L_{\text{total}} = L_{\text{main}} + \sum_{i=1}^{4} \lambda_i L_{\text{aux}}^{i} \tag{4-4}$$

其中，λ_i 是不同辅助损失 L_{aux}^{i} 的权重，通常，$\lambda_1 > \lambda_2 > \lambda_3 > \lambda_4$，且这里将它们分别设置为 0.5、0.4、0.3 和 0.2，L_{main} 是训练整个系统网络的主导损失。

4.2.5　生产线实时目标追踪

在生产线中视频物体追踪有着比图像物体追踪更广泛的用途。以往的研究中，基于 3DCNN、convLSTM 或光流的追踪方法在视频显著性目标检测中取得了巨大成功。然而，它们仍然存在计算成本高或生成的图像质量较差等问题。

为了解决这些问题，研究团队设计了一个基于时空记忆网络的模型用于追踪物体，它能够从相邻帧中提取与当前帧相关的时序信息。此外，以前的追踪方法只考虑了没有时序关联的单帧预测，可能无法充分关注到物体的移动。因此，研究团队将帧间对象运动预测同时引入模型训练中。本节的追踪方法的模型遵循标准的编码器－解码器架构。在编码阶段，使用来自当前帧及其相邻帧的高层次特征生成高层次时序特征。这比基于光流的追踪方法更加有效和实用。在解码阶段，采用一种有效的空间和时间分支融合策略。将高层次特征的语义信息与低层次特征中的物体细节融合，然后逐步得到时空特征，最终重构显著图。此外，受图像显著物体检测中常用的边界监督的启发，研究团队设计了一种用于预测物体边界运动的运动感知损失，同时使模型对物体检测和物体运动预测进行多任务学习，提高其提取时空特征的准确性和保持物体的完整性。目前已在多个数据集上进行大量实验证明了该方法的有效性，并且该方法可以在某些数据集上实现最先进的指标。该方法的模型的输入不需要进行额

外的预处理,且其推理速度可以达到实时检测的要求。

如图 4-5 所示,模型在编码阶段,给定连续帧 $X = (x_1, x_2, \cdots, x_n)$,当处理当前帧 x_T 时,使用两种并行编码:一种记录前一帧 x_{T-1} 和下一帧 x_{T+1} 的时间信息,记为 E_M;另一种获取当前帧 x_T 的空间信息,记为 E_Q。E_Q 和 E_M 共享权重,将它们分开标记以便更好地描述(区分空间特征和时序特征)。使用在 ImageNet 上预训练的 ResNet 作为编码器。ResNet 将生成五层特征,从低到高分别表示为 conv1、res2、res3、res4 和 res5。其中 res5 包含最重要的显著对象信息,而其他低层次特征用于重建一些详细信息,例如边界。然后不使用光流等外部时间信息,直接从当前帧 E_{res5} 的高层次特征和从相邻帧提取的 E_{res5} 的特征生成高层次时序特征 E_T。

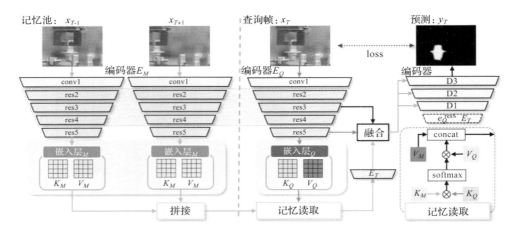

图 4-5　基于时空记忆网络的目标检测与追踪模型架构

在解码过程中,高层次时间特征 E_T 和高层次空间特征 E_{res5} 分别与来自 E_M 和 E_Q 的相应低层次特征融合。例如,第一阶段包括两个分支,第一个是将 E_T 与其相应的 E_{res4} 融合的时间分支,另一个是 E_Q 中的 E_{res5} 与 E_{res4} 融合的空间分支。模型融合了两个分支中的低级和高级功能。最后,两个分支的输出通过一个 conv3×3 层合并,得到时空显著性特征 D1。D2 和 D3 也是通过上述过程得到的,用以推测最终的结果。

4.3　基于由粗到细框架的多模态数据显著性特征预测网络

　　现有的结合声音和图像的多模态显著性特征挖掘任务都取得了一定的成功,且有一个共同点:它们都依赖于一个端到端的编码器－解码器架构。同时,它们的预测图保持与输入图像的大小相同,图中每个像素都很重要。与这些在像素层面上有明确数值的任务相比,多模态数据显著性预测没有确定的答案。具体来说,显著性区域会因注释者不同而不同,甚至注释者相同时也会因为时间段不同和眼球追踪器误差等产生略有不同的显著性结果。然而,具有确定性的是,多模态数据重要特征的分布是稳定的。尽管不同的人对图像特定区域的关注略有不同,也就是说,尽管标注的显著性结果的像素值可能会有偏差,但显著性区域的分布是稳定的,并且集中在相同的物体上。因此,预测显著性区域的分布比准确的像素值更为关键。

　　一些显著性预测方法使用了端到端的模型,在这些任务上表现良好。然而,直接应用这些模型来实现显著性预测可能是不合适的,因为忽略了显著性区域的重要性,过于关注像素级信息可能会降低模型的性能。故研究团队首先获得了低分辨率图像的显著性分布,这样可以更多地关注预测相对稳定的显著性分布,而减少对像素级偏差的关注。在获得显著性区域的稳定分布后,对其进行细化,以近似注释。实际上,研究团队通过从编码器－解码器架构中提取编码器和解码器并分别训练它们来实现上述步骤。这样的编码器可直接用于显著性预测,而且低分辨率的输出并不影响专注于区域的显著性预测的性能。这样一来,预测网络将更加关注深层次的语义信息,避免像素层面的细节干扰。此外,由于深度卷积网络的深层隐藏层可以获得丰富的高层特征,以往的方法倾向于通过增加网络的深度来提取信息特征,这使得其网络模型更加复杂和耗时。而单独训练编码器可以使网络模型获得更深的语义信息,同时减轻解码过程带来的存储负担。

4.3.1　整体结构

在这项工作中,研究团队提出了仅依靠编码器获得更稳定的多模态数据显著性特征区域分布的想法,并使用了跳跃连接来增强浅层特征的贡献,设计了一个由粗到细的多模态数据的显著性特征预测网络(下称显著性预测模型)。如图 4-6 所示,该网络由两部分组成:粗感知网络(CFN-coarse)和细整合网络(CFN-fine)。

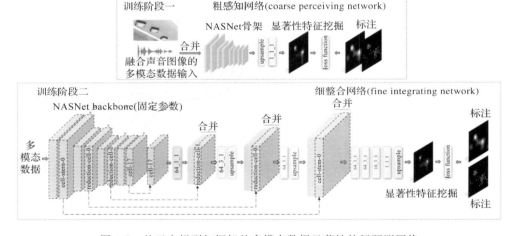

图 4-6　基于由粗到细框架的多模态数据显著性特征预测网络

粗感知网络的作用是预测多模态数据显著性区域的分布,为以后的精细训练提供高质量的特征。细整合网络的作用是集成不同深度的固定参数的特征,并通过跳跃连接将它们结合起来,预测最终的显著性结果。总的来说,粗感知网络和细整合网络可以被看成是分别具有打好扎实的基础和细节优化的作用。对于多模态数据显著性特征预测,浅层网络很难感知语义信息以产生良好的结果,深层网络有很强的能力来捕捉灵活的数据表示,但却很容易过度拟合。而粗感知网络只专注于生成包含显著性区域信息的更准确的深层特征,不涉及解码器的特征融合,这大大减少了网络参数的数量,使得在获得更丰富的信息时一定程度上减少了过度拟合。浅层特征对于显著性预测也很重要，但获取浅层特征相对简单。所以在获取丰富的深层语义信息时，这些浅层特征被粗感知网络很好地保留了下来。深层特征起到决定性的作用，而浅层特征则起到优化细节的作用。有效探索它们之间的关系对进一步提高显著性预测的效果非常重要。通过粗感知网络获得各层的重要特征后，细整合网络只关注如何更好地整合不同层的特征。本节提出的预测方法通过粗感知网络获得更具代表性的深层特征，通过细整合网络获得深层和浅层特征的有效融合，是一个从粗到细的过程，减少了内存消耗，并且获得更好的预测结果。

4.3.2　粗感知网络

粗感知网络是整个显著性预测模型的基础，其训练性能直接影响到模型的有效性。这是因为粗感知网络最深层的语义特征对预测显著性区域的分布有决定性的作用。研究团队采用在 ImageNet 分类数据集上预训练的 NASNet-large[3] 作为标准编码器－解码器架构的骨架。与分类任务不同，粗感知网络旨在发现显著性区域并生成显著性地图作为输出，因此删除了其中的全连接层，保留了 4032 个特征图。为了加快训练速度和减少可训练参数的数量，这些地图后来通过双线性上采样被调整到与输入相同的大小。然后，直接应用跨度为 1 的 conv1@1（核大小@过滤器数量）来压缩特征图，这将使参数大小将进一步减小。最重要的是，粗感知网络只用于定位显著性区域，而不太关注像素级的细节。

4.3.3　细整合网络

细整合网络主要用于融合浅层特征，如边界和对比度，它们也是影响显著性预测的重要信息。完成了具有决定性作用的粗感知网络的处理步骤之后，细整合网络将进一步改进模型以实现精确的显著性预测。这是通过将主干网络扩展到一个完全卷积结构，并在下采样和上采样路径之间建立连接来实现的。细整合网络与 FCN（fully convolutional networks，全卷积神经网络）类似网络[4]的主要区别在于,编码器的参数(在第一阶段通过训练粗感知网络获得)在第二个训练阶段是固定的。经过粗略训练后,细整合网络从 NASNet 的 cell-stem-0 层、reduction-cell-0 层、reduction-cell-1 层和 cell-17 层选择输出特征图进行整合,分别表示为 M4、M3、M2、M1。特征串联和整合有三个步骤。首先通过 conv1@64 减少 M1 的数量,跨度为 1,然后将其合并到 M2。需要注意的是,M1 的大小与 M2 相同,所以不需要对 M1 采用上采样操作。但是,当相邻的特征图的大小不同时,就有必要增加一个上采样操作。在接下来合并 M3 与 M4 的步骤中,除了将 conv1@64 替换为 conv3@64 以及增加一个上采样操作外,其他操作几乎相同。在最后一次合并后,应用两个跨度为 1 的 conv3@64 和一个 conv3@16,最终得到 16 个包含丰富信息的特征图。显著性预测模型的最后一层是一个 conv1@1,之后将生成一个显著性地图。最后,通过双线性上采样将显著性地图调整到与输入相同的大小。

4.3.4　制造业生产部件瑕疵检测

对部件瑕疵(将瑕疵区域视为显著性区域)进行定位和分割存在两个难题,一个是上文提及的显著性分布的预测,还有一个则是训练显著性预测模型需要大规模的像素级数据标注,而对这些数据进行标注是相当昂贵和耗时的。因此,研究团队提出了基于涂鸦标注的瑕疵检测方法,以降低标注的成本,同时尽量避免显著性预测模型性能的下降。完整的像素级的标注需要对瑕疵的每个像素进行标定,需要耗费几十分钟,而涂鸦标注只需要对瑕疵以及背景简单地画一条线作为标签,仅需要几秒钟,能够大大降低标注的时间和成本。

但涂鸦标签的区域只占整个图像中的极少部分,且这些像素位于瑕疵和背景内部。因此,让模型仅仅通过涂鸦标注来学习瑕疵的边缘细节是很困难的。故研究团队试图从不同的角度探索并成创造出新的训练模型所需监督信息(合成图标签)。此外,研究团队还发现,瑕疵的凹陷区域是较难精细分割的部分。只要能够较好地分割这些区域,那么整个瑕疵的边缘部分就都能够有效辨别。基于上述思考,研究团队设计了一种合成图像生成方法来模拟瑕疵的真实凹陷

区域。该方法将合成凹陷区域嵌入到突出物体中,通过合成凹陷区域提供与边
缘相关的信息,解决原始涂鸦标签没有边缘信息的问题。该方法可通过一种新
颖的自一致性框架实现,如图 4-7 所示。

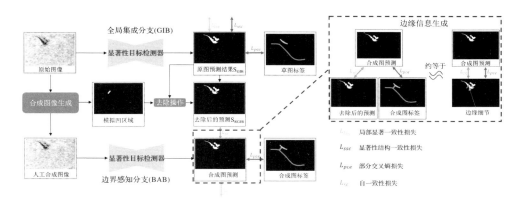

图 4-7　瑕疵检测自一致性框架

　　该框架放大了合成图像的优势,以帮助瑕疵检测模型(显著性预测模型)获
得更详细的边界,并保持模型识别瑕疵的能力。框架由全局集成分支(global
integration branch,GIB)和边界感知分支(boundary aware branch,BAB)组成。
BAB 的作用是通过驱动瑕疵检测器(显著性目标检测器)关注边界部分帮助预
测准确的边界。BAB 的输入是将合成凹陷区域插入原始图像产生的合成图
像。GIB 的作用是在局部相干性损失(local saliency coherence loss,L_{lsc})[5]、瑕
疵结构一致性损失(saliency structure consistency loss,L_{ssc})[32]和部分交叉熵损
失(partial cross entropy loss,L_{pce})的情况下,识别完整的瑕疵,防止用合成图
像训练的瑕疵过度拟合,即过度关注边界细节而忽视了瑕疵的完整性。其中,
局部相干性损失的核心思想是位置相近、RGB 值相近的像素应该具有相似的
预测值,因此可将位于内部的涂鸦标注延伸到未标注的区域,促进对整张图的
预测;瑕疵结构一致性损失是通过输入不同尺度的图像构建自监督结构来保证
瑕疵结构的正确;部分交叉熵损失则是确保利用涂鸦标签能够准确地定位瑕
疵。框架通过自一致性损失(self-consistent loss,L_{sc})来平衡两个分支,实现它

们之间的优势互补，保持模型识别突出物体的能力，同时预测精确的物体边界。两个分支的瑕疵检测器是共享权重的孪生网络。采用 GCPANet 网络[6] 作为本框架的瑕疵检测器，它使用了 ImageNet 上预训练的 ResNet50 作为主干网络。此外，框架中的 GIB 可以放大合成图像，帮助后续 BAB 捕捉更详细的边界信息。具体来说，如图 4-7 中的边界信息生成（虚线框）所示，尽管瑕疵预测 S_{GIB} 的边缘可能是不清楚的，但是整体的瑕疵可以被检测出来。因此，去除模拟凹陷区域的预测 S_{RGIB} 可以通过自一致性损失为 BAB 提供前景监督信息。同时，合成图标签的模拟凹陷区域原本就提供了像素的背景监督。在去除预测和合成图标签的基础上，可以创建更多的像素级详细边界信息，促使合成图检测模型更加关注边界。值得注意的是，即使 GIB 未能预测出正确的突出对象，模拟的凹陷区域和合成图标签中的前景涂鸦区域也是部分相邻的，这仍然提供了部分像素级的边界信息。

4.4　基于麦克风阵列的异音源检测与定位

4.4.1　系统框架

噪声源识别是指在同时有许多噪声源或包含许多振动发生部件的复杂声源情况下，为了确定各个声源或振动部件的声辐射性能，区分噪声源并根据它们对生产的作用分等而进行的测量与分析。人的听觉器官就是非常好的识别噪声源的分析器，配合头部扭动运动就相当于一个搭配了运动部件的双麦克风阵列，具有方向性辨别、频率分析等能力。研究团队提出了使用麦克风阵列来实现异音检测与定位。这种基于麦克风阵列的噪声源定位系统的硬件标准组成如图 4-8 所示，整个系统由多路信号采集卡、采集测试平台和麦克风阵列等组成。

图 4-8 噪声源定位系统

4.4.2 噪声源定位算法

基于麦克风阵列的噪声源定位算法可以划分为三类：一是基于波束形成的方法，二是基于高分辨率谱估计的方法，三是基于声达时延差（TDOA）的方法。

本节中主要使用基于波束形成的方法，这种方法适用于大型麦克风阵列，对测试环境适应性强。它基于最大输出功率的可控波束形成技术（beamforming），其基本思想就是将各阵元采集来的信号进行加权求和形成波束，并通过搜索声源的可能位置来引导该波束，修改权值使得传声器阵列的输出信号功率最大。这种方法既能在时域中使用，也能在频域中使用。它在时域中的时间平移等价于在频域中的相位延迟。在频域处理中，首先使用一个包含自谱和互谱的矩阵，称之为互谱矩阵（cross-spectral matrix，CSM）。在每个感兴趣频率之处，阵列信号的处理给出了在每个给定的空间扫描网格点上或每个信号到达方向（direction of arrival，DOA）的能量水平。因此，阵列表示了一种与声源分布相关联的响应求和后的数量。beamforming 的基本工作原理如图 4-9 所示。

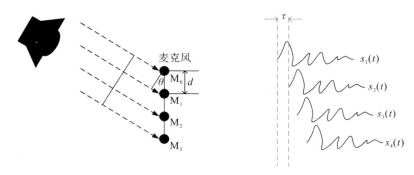

图 4-9　beamforming 的基本工作原理

使用波束形成算法,先决条件是远场声源(近场声源用 TDOA),这样可以假设入射声波都是平行的。平行的声场中,如果声波的入射角度与麦克风平面垂直,则其能同时到达各个麦克风,如果不垂直,则会出现 beamforming 的基本工作原理的现象,声场波到达每个麦克风都会有延时,延时的大小是由入射角度决定的。不同的入射角度,叠加出来的最终波形强度是不同的。当信号相位相差 $\frac{\pi}{2}$ 时,几乎没有信号;当信号相位相同时,信号强度达到最强。这说明把原来没有极性的单支麦克风组装成一个麦克风阵列后,整个阵列是有极性的。每个麦克风阵列都可以看作一个方向阵,这个方向阵的指向性可以通过延时求和波束形成算法(delay and sum,DAS)来实现,具体通过控制不同方向波束的时延来调整不同方向的指向。指向可控的方向阵相当于一个空间滤波器,它可将目标波束对齐同时削弱噪声和干扰波束。本节中的具体操作为,首先对定位区域进行网格划分,再调节每个网格点的波束时延,对各个麦克风进行时域延迟,然后把延迟调节后的波束累加对齐,计算每个网格的声压,继而得到每个网格的相对声压,最终得到噪声源定位的全息彩图。

4.4.3　信号处理平台选择

根据麦克风阵列声源定位的原理,必须要同步采集多通道噪声信号用于数据处理,这就要保证动态信号的采集精度。本节基于麦克风阵列的噪声源定位系统主要采用 NI PXI 平台和 cDAQ 平台采集信号,配合高性能动态数据采集卡,可完成多通道大数据量的精确采集。

　　信号采集模块拟采用 SignalPad 麦克风阵列模块,具体采用的算法需根据现场采集声音特点,阵列的几何尺寸、安装位置、定位环境综合考虑。可将多种算法现场综合比对之后,择优选取。

4.4.4　传声器阵列设计

　　传声器阵列是由一定数量的传声器(麦克风)按照螺旋形几何位置排列而成的,如图 4-10 所示。

图 4-10　传声器阵列

　　阵列参数包括传声器的数目、阵列的孔径大小、传声器阵元间距和传声器的空间分布形式等几何参数;另外,还包括指向性、波束宽度和最大旁瓣级等衡量阵列性能优劣的特征参数。设计一个好的阵列,需要同时考虑实际需求和器材的限制。

　　大阵列孔径和小阵元间距之间存在矛盾,研究团队通过增加传声器的数目解决这个问题,使用 30 个传声器形成了一个复杂的传声器阵列。该阵列的传声器数目多,布线方式复杂,阵列孔径越大,结构越复杂。一般来说,传声器数目和阵列增益成正比,增加传声器数目使阵列增益更大。当阵列在噪声背景下检测信号时,更大的阵列增益能更好地描述阵列作为空间处理器所提供的信噪比改善程度。综上,该阵列有较好分辨率、较大的孔径、较高的截止频率和较小的阵列间距。

4.5　基于动态实时决策的智能人机交互

4.5.1　背景介绍

仓储、物流等场景中,射频识别技术(radio frequency identification,RFID)是一种常用技术。射频识别技术具有通信距离长、成本低、能耗低的优势,被广泛应用于仓储、物流、人机交互等场景中物品的标识。如图 4-11 所示,工业场景中,可通过读取标签获取物品的相关信息,满足储运环节中的物品实时定位、盘库存等生产需求。

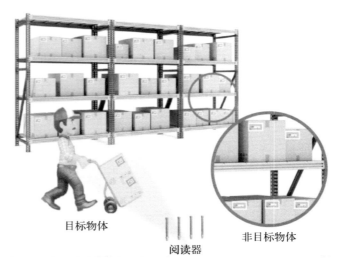

图 4-11　工业场景中 RFID 实际应用

　　然而,在当前的工业场景下,常常存在大量的标签。此时标签读取率则会相应下降,如何在这种情况下提升用户关注标签的读取率是一个具有挑战性的问题。现有选择性读取方法适用性较差的原因有以下几点。

　　①典型的选择性读取方法是将某些特定的位字符串设置为掩码,并允许 ID 编号中具有相同位字符串的标签作出响应。这种方法需要假定所有目标标签的 ID 信息都是已知的,但这在许多实际应用中是不可能的,而且这种方法无法在特定目标区域内选择标签。

　　②部分方法需要修改标签的硬件和通信协议,这难以在商用 RFID 标签上实现。

　　③使用 RFID 定位算法在目标区域内查找标签是不可行的,因为在复杂的环境中运行 RFID 定位算法会引入较大的误差,并且具有较高的延迟,对提升读取率并无帮助。

　　对此,研究团队针对上述现有技术的不足,提出了一种商用标签定向读取和实时追踪的方法,它能够自动判断工人关注区域,并提升此区域内的标签读取率,利用 RFID 实现更智能的人机交互,进一步辅助实现智能化生产。

4.5.2　技术方案

　　这种商用标签定向读取和实时追踪方法的具体步骤如下:

　　①采用一主一从的分布式天线阵列,该天线阵列由 USRP X310 和两个全向全双工天线组成,USRP X310 的两块子板分别连接主、从天线,分布式天线阵列的主机发射器和从机发射器交替发送同步信号,并测量发射器与接收器之间的相位偏移,对每个从机发射器补偿一个初始相位使之与主机发射器同步;②利用软件定义 RFID 读写器进行快速搜索,查询与目标标签距离最近的参考标签,获取参考标签的响应信息 E_0;③利用上一步骤中参考标签的响应信息 E_0,得到不同传输设置时的能量分布和有关为目标标签供能的设置信息,结合模拟退火算法和粒子滤波器动态选择传输参数,激励目标区域的标签以及实时追踪目标标签的移动,完成对目标位置商用标签的定向读取和实时追踪。

具体地，步骤一中，在发送波束成形信号前，先补偿频率和相位使主、从机发射器同步；采用先验同分布方案，使主机发射器和从机发射器交替发送同步信号，根据两者的相位差 $\Delta\theta(t)$ 获得发射器与接收器之间的相位偏移 θ_{T_M}、θ_{T_S} 和频率偏移 f_{T_M}、f_{T_S} 后，对每个从机发射器补偿一个初始相位使之与主机发射器同步。进一步，主、从机接收器上的接收信号为 $P_M(t)$，当从发射器单独发送同步信号时，接收到的信号为 $P_s(t)$，$\Delta\theta(t)$ 为

$$\Delta\theta(t) = \frac{1}{2}\left[(\theta_{T_M \to R_M} + \theta_{T_M \to R_S}) - (\theta_{T_S \to R_M} + \theta_{T_S \to R_S})\right]$$
$$= (\theta_{T_M} - \theta_{T_S}) + 2\pi(f_{T_M} - f_{T_S})t \tag{4-5}$$

其中，$\theta_{T_M \to R_M}$ 为由主机发射器端到主机接收器端捕获的相位，$\theta_{T_M \to R_S}$ 为由主机发射器端到从机接收器端捕获的相位，$\theta_{T_S \to R_M}$ 为由从机发射器端到主机接收器端捕获的相位，$\theta_{T_S \to R_S}$ 为由从机发射器端到从机接收器端捕获的相位，t 为时间。

在步骤二中，采用商用 EPC C1G2 协议中设计的选择性读取机制，发送 select 命令选择参考标签，通过在 query 命令中设置参数读取参考标签；然后软件定义 RFID 读写器中选择多个传输参数，并获得这些不同参数设置下参考标签的响应信息；保持主机发射器信号不变，以 δ 为步长在 $[0, 2\pi)$ 内更改每个从机发射器信号的初始相位，使用能量函数 f 评估标签回复的能量，记录所有传输参数设置下评估函数的值，组成参考标签的响应信息 E_0，将 E_0 作为步骤三中模拟退火算法的初始设置。参考标签的响应信息 E_0 具体为

$$E_0 = \left[f(1), f(2), \cdots, f\left(\frac{2\pi}{\delta}\right)\right]$$

在步骤三中，采用模拟退火算法接近给定评估函数 E_n 的全局最优值，根据评估函数 E_n 获得跟踪目标标签的适当传输参数的列表，将 E_n 从高到低排序，获得一个传输参数列表 Θ_n，逐个改变传输参数遍历列表 Θ_n，在相同的清点循环中，使用相同的传输参数 $\theta_n(k)$，在开始下一个清点循环之前，将 $E_n[\theta_n(k)]$ 和 $E_n[\theta_n(k+1)]$ 的值进行比较；根据概率函数 P 确定是否切换到下一个传输参数；在开始新的清点循环之前，根据参考标签的最新响应刷新 $E_n[\theta_n B(k)]$ 的

值,如果 E_n 中的元素没有更新,则衰减系数 α 将使 E_n 中的元素随时间 k 减少; 如果在当前的传输参数设置下,评估函数 E_n 的值等于 0,则继续发送具有最大 E_n 的传输参数设置的信号,直到检测到目标标签移动为止。评估函数 E_n 为

$$E_n[\theta'_{T_s}(i)] = A[T_r, \theta'_{T_s}(i)] \cdot \mu(\beta \cdot N_t - N_u) \cdot \alpha k \qquad (4\text{-}6)$$

其中,n 为迭代次数;A 为信号幅值;μ 为权重系数,是一个由经验值给出的常数;N_t 和 N_u 分别是目标标签和非目标标签的数目;β 为常数;α 为随时间 k 的衰减系数,一般为 0.9;$\theta'_{T_s}(i)$ 为加上发送天线的相位偏移量后的传输参数,T_r 为参考标签。

为了实现移动情况下的实时参数更新,研究团队引入了粒子滤波器。若将评估函数 E_n 视为传输参数设置的概率密度,则需要估计运动或环境变化下的概率密度,定义转换函数 w 来更新函数 E_n,将 E_n 中的所有值更新为 E_{n+1},从排序和遍历开始,直到检测到目标标签移动性事件为止;其中,评估函数 E_n 依赖于目标标签数量的估计。在静态情景中,采用基于 EPC 的分类方法,如果接收到的 EPC 属于非目标标签,则增加 N_u 的值,否则将标签标记为目标标签并增加 N_t 的值;在动态情景中,采用动态时间规整方法计算参考标签和当前标签的幅度曲线之间的相似度,记录每个标签的幅度,得到参考标签和当前标签的距离 $M(u,v)$。研究团队采用 ImpinJ H47 等五类共 1030 个标签模拟工业场景下的实际情况,实现了智能化的人机交互。

本技术方案针对制造业交互场景,面向制造业的智能化人机交互问题,实现了基于时空特征的动态实时决策,并最终形成智能决策构件,取得计算机软件著作权一项(基于 RFID 标签时空状态的标签动态读取软件)。

4.6　基于跨技术通信的智能质量追溯

4.6.1　背景介绍

工业场景中产品多被绑定了 RFID 标签,因此,如果能在现有的射频读取

系统的基础上实现智能化的质量追溯,即自动记录产品经手人、经手机器等信息,则可以大大提高生产线运行效率,实现对工人及相应生产设备出品情况的监控。

对此,研究团队提出利用跨技术通信原理,实现对生产线产品的智能化质量追溯,主要利用射频识别技术与可见光通信技术如图 4-12 所示。

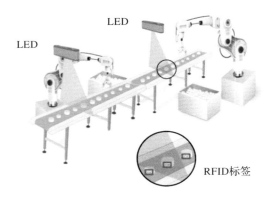

图 4-12　基于跨技术通信的智能化质量追溯

射频识别技术是一种无线通信技术,通过无线电信号识别特定目标并读写相关数据。其硬件由读写器和 RFID 标签组成,读写器将需要发送的数据调制成特定频率的电磁波信号,附着在物品上的 RFID 标签通过反向散射该电磁波信号将数据传送出去,读写器接收到反向散射的电送磁波信号后对信号加以处理,便可以自动辨识和跟踪该物品。根据是否需要携带电源,RFID 标签可分为无源式、半无源式和有源式,其中无源式标签在操作时可在读写器发射的电磁场中获得能量,因此不需要携带电源。无源 RFID 标签价格相对便宜,部署成本低,因此被更加广泛地使用。研究团队主要针对无源 RFID 标签系统,但本节技术方案中所使用的方法同样适用于半无源或有源式 RFID 标签。而可见光通信(visible light communications,VLC),是一种光通信方式,是利用荧光灯或者发光二极管(LED)等发出明暗闪烁的信号来传输讯息的通信技术。可见光的频率为 400THz(波长 780nm)至 800THz(波长 375nm)。普通日光灯的传输能力约为 10Kbit/s,而 LED 则可以达到约 500Mbit/s。研究团队将光敏二极管作为感光元器件并联在 RFID 标签芯片两端,制成一种新的光取 RFID 标签,使得 RFID 通信过程可以受到可见光的影响,进而实现将光编码"打"在 RFID 标签回复的产品识别码信号上。实际生产线中对 RFID 标签及 LED 的部署如图 4-13 所示。

图 4-13　实际生产线中对 RFID 标签及 LED 的部署

目前,大多数可见光通信与 RFID 通信结合的方式采用更改片上天线的方式,这种方式的标签制造复杂,成本高,且一旦确定了通信协议,编码方式便不可随意更改,在应用上有一定的局限性。而研究团队制作的光敏 RFID 标签仅需在现有商用 RFID 标签的芯片上并联光敏二极管(或光敏电阻),并采用一定规则范围内的可见光编码方式将光信息附加在 RFID 标签反向散射的射频信号之上,即可实现可见光信号与 RFID 信号的结合,自动记录经过该机器或工人的带有标签的产品。

4.6.2　技术方案

针对现有技术的不足,研究团队提出了一种可以与带有光敏二极管的 RFID 标签通信的编码方式及可见光发射硬件架构,以及相应的 RFID 软件解码系统。

4.6.2.1　编码方式及可见光发射硬件架构

可见数据编码方式需要符合两个要求。首先,可见光的闪烁不能被人眼察觉,因此灯光开关的频率至少为 80Hz;此外,可见光的闪烁应与商用的 RFID 系统兼容,即不干扰常规的 RFID 通信。为满足上述需求,研究团队提出一种"单回复级别"的数据编码方式来生成具有两种可见光调制机制的数据信息。在本技术方案中采用 7 位及 15 位消息的编码方式,以及"频移键控(FSK)"和"相移键控(PSK)"的方式实现上述编码过程。

为了实现上述目标,可见光发射硬件架构需要符合一定的要求,即可见光需要较高的驱动功率,MCU(microcontroller unit,微控制单元)的 GPIO(general purpose input/output,通用型输入/输出)驱动能力无法提供 LED 灯组所需要的功率,因此需要使用驱动电路驱动 LED 灯组。对此,研究团队使用了达林顿驱动管的方式。达林顿管又称复合管,它是由两个三极管串联组成的一只等效的新的三极管,其放大倍数是原二者之积,因此它的放大倍数非常高,适合作为开关电源。现有商用 RFID 标签的读取频率(RFID 标签完整回复一次 ID 号的频率)大约在 60~140Hz,并且随着标签数量的增加,标签读取率会相应下降。可将可见光开头频率降低至远低于商用 RFID 标签在回复一次 ID 号信号内的码元转换频率,来保证商用读写器对标签的正常读取,本技术方案中使用的可将可见光开关频率范围为 10kHz~33.33kHz。这种方式在标签的回复中可以编码 7 位及 15 位的光编码信息,且整个通信过程对 RFID 标签原有通信几乎没有干扰。

可使用微控制器产生可见光编码信息,可见光频移键控编码方式如图 4-14 所示。可见光编码信息的时延误差需要控制在微秒级内。常见实现微秒级控制的操作是使用微控制器中的延时函数,即软件定时。为了提高定时精准度,采用汇编语言中的 NOP(nooperation)指令来使精确微控制器在指定时钟周期内等待,实现更加精确的时延控制。

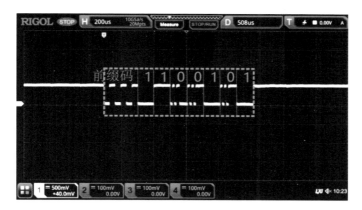

图 4-14　可见光频移键控编码方式

　　为了防止持续的低电平导致可见光一直处于关闭状态而被人眼察觉,采用双极性不归零码的方式对光信息电平进行编码,并在每组编码中都加入与前导码。其中"频移键控(FSK)"使用了不同的频率周期符号来区分数据 0 和数据 1,"相移键控(PSK)"使用了不同的相位符号来区分数据 0 和数据 1。在此之上,研究团队还采用了汉明码进行进一步纠错。

4.6.2.2　RFID 软件解码系统

　　为了对上述可见光进行解码,研究团队提出了相应的 RFID 软件解码系统。如图 4-15 所示,RFID 标签受可见光影响后,信号会随着可见光的明暗变化产生非常明显的跳变,通过解码该跳变产生的位置,即可对可见光编码进行解析,从而获取标签位置、经手人和生产机器信息。图中下方两图是对上图采样后的结果进行的处理,采样过程中去除了许多的解码无关的样本点。

　　该 RFID 软件解码系统(质量回溯系统)的架构如图 4-16 所示。该系统分为三大模块:EPC 信号段截取模块、光影响点提取模块和光解码模块。各模块具体的功能如下。

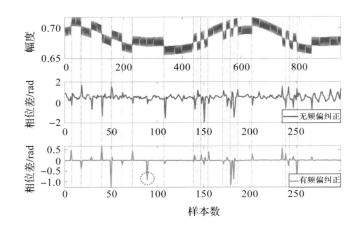

图 4-15　RFID 标签受可见光影响的信号

图 4-16　质量回溯系统整体结构框架

（1）EPC 信号段截取模块

本系统处理的是软件无线电平台（USRP）监听并存储的 RFID 读写器与光敏 RFID 标签之间的通信过程的数据。该通信过程不仅包含目标标签的信号，还包含读写器的命令信号。但是，只有光敏 RFID 标签的信号处能够检测到光的变化，因此，系统的第一步处理是在收到的全部信号中截取标签的 EPC 信号（类似于标签 ID 号）。根据 EPC C1G2 商用协议可知，标签的 EPC

信号会出现在读写器的 ACK 命令及下一个时隙的 QRep 或 query 中间。因此，系统首先根据信号幅值的大小定位到读写器命令（读写器命令的幅值明显高于噪声和标签回复信号），利用协议中规定的数据位长度及命令的前缀码，找到 ACK 命令及下一个 QRep 命令/query 命令的位置，截取其中的部分为标签 EPC 信号段。

（2）光影响点提取模块

截取到标签的信号后，需要从其中提取光影响点序列。为了能够从标签自身编码解码出光数据包的内容，系统通过大尺度定位和小尺度验证两个步骤来提取光影响点序列。

大尺度光影响点定位是指首先对截取到的 EPC 信号进行降采样，只保留信号大致趋势，去除其中不确定的采样点；然后，以每一个采样点为中心，选取每三个采样点中的极大值点与极小值点，极值点大概率是标签的高低电平点，而不是电平模糊的采样点；最后，以每一个极大值点为中心，选取其左边和右边的第一个极小值点组成一个组，并在组内计算软件无线电平台与商用读写器的频偏，并消除标签电平变化带来的干扰，最后提取光影响点的序列。

小尺度验证的基本原理为光的影响除了会引起标签相位变化，同样也会引起标签幅值变化，对此，可提取出每一个大尺度光影响点序列中的采样点，验证其是否存在幅值的变化，如果该变化不超过阈值，则认为该点为假阳性点，需去除。

（3）光解码模块

提取光影响点序列后，可以通过该序列对光数据包进行解码。本系统支持四类解码，包括 7 位、15 位的调幅和 7 位、15 位的调频编码，其中原始数据分别为 4 位和 11 位，使用汉明纠错码后分别为 7 位和 15 位。每一位都持续 100ms，因此，系统首先通过前缀码定位到数据包开始的时刻，再以前缀码结束的时间点往后按 100ms 划分为若干个时间窗口，根据调幅和调频编码规则中的光影响点出现的时刻，通过互相关来匹配最符合的数据，最终获取数据包的内容。

如图 4-17 所示,在海尔青岛研究院中对该系统进行了实地部署和实验。并投稿论文 1 篇,已受理专利 1 项(一种可被 RFID 标签识别的可见光编码方式),取得计算机软件著作权 1 项(基于 RFID 信号的可见光通信解码软件)。

图 4-17 (质量回溯系统)实地部署

参考文献

[1]Deng J, Dong W, Socher R, et al. Imagenet: A large-scale hierarchical image database[C]// IEEE. 2009 IEEE Conference on Computer Vision and Pattern Recognition. New York: IEEE, 2009: 248-255.

[2]He K, Zhang X, Ren S, et al. Deep residual learning for image recognition[C]// IEEE. 2016 IEEE Conference on Computer Vision and Pattern Recognition (CVPR). New York: IEEE, 2016: 770-778.

[3]Zoph B, Vasudevan V, Shlens J, et al. Learning transferable architectures for scalable image recognition[C]// IEEE. 2018 IEEE/CVF Conference on Computer Vision and Pattern Recognition. New York: IEEE, 2018: 8697-8710.

[4]Long J, Shelhamer E, Darrell T. Fully convolutional networks for semantic segmentation[C]// IEEE. 2015 IEEE Conference on Computer Vision and Pattern Recognition (CVPR). New York: IEEE, 2015: 3431-3440.

[5]Yu S, Zhang B, Xiao J, et al. Structure-consistent weakly supervised salient object detection with local saliency coherence[C]// AAAI. Proceedings of the AAAI Conference on Artificial

Intelligence. Palo Alto：AAAI Press，2021，35(4)：3234-3242.

［6］Chen Z，Xu Q，Cong R，et al. Global context-aware progressive aggregation network for sali-
ent object detection［C］∥ AAAI. Proceedings of the AAAI Conference on Artificial Intelli-
gence. Palo Alto：AAAI Press，2020，34(7)：10599-10606.

第 5 章　总结与展望

支撑本专著的项目源于国家重点研发计划项目"制造企业数据空间设计理论与方法",该项目对制造企业的数据空间设计理论与方法进行了深入的研究,旨在构建一套完整的数据空间管理体系,以实现制造企业全流程的可控性和信息共享。在这个项目的支持下,研究团队在制造企业数据空间管理引擎、基于数据空间的因果推断、知识发掘、学习决策技术和数据空间原型系统构建等方面进行了广泛的研究工作。

在面向全价值链活动的企业数据空间构建与协同理论架构方面,研究团队制定了一套批/流融合数据采集体系,形成批/流融合采集相关标准 1 项。确定面向多服务的多元异构数据湖系统的特性,申请相关专利 1 项。制定规范化元数据结构和属性,基于规范化元数据制定元数据属性特征快速分类过程及属性匹配策略,发表相关论文 1 篇。研究 Lambda 架构,设计批/流融合大数据处理引擎,申请相关专利 1 项。设计标准化数据结构和元数据格式,制定相关的标准 1 项。

在基于制造业流程知识表达的数据空间管理技术理论架构方面,首先,研究团队针对制造业事件知识的规范提取开展了相关研究,为探索制造业事件知识,提出了基于深度学习模型的时间抽取技术,可通过检测利用依存句法规则补全事件要素,提取制造业事件知识。然后,对制造业事理关系抽取与事理网络的构建进行了深入探索,针对制造业隐性事理与显性事理,设计了不同的模型提取制造业事理关系,根据相似度规则融合多源事理表征,构建了制造业事理网络。最后,在多模态知识图谱挖掘方面进行了深入研究,针对制造企业多源数据,构建了多模态知识图谱,设计了基于制造业数据的特征维度管理系统。相关研究成果发表在领域知名期刊如 *IEEE Transactions on Big Data*、《软件学报》《计算机研究与发展》等,构建了事理图谱挖掘构件,支持对制造业非结构数据展开事理关系挖掘,并申请发明专利 3 项。

在基于数字空间的归因认知与智能决策方面,研究团队提出了图像与声音多模态交互的语音增强技术,能够有效解决工业场景中由于生产线机械噪声导致的声音信号采集质量不高、语音交互应用失效的问题。进一步融合声音及射频信号特征,提出了跨域特征对齐与均衡技术,提升了声纹认证性能,可应用于工业噪声场景下的人员声纹认证、语音智能交互等,为工厂洗衣机、冰箱等的异音检测中的声音采集环节提供高质量异音样本(有效消除无关的背景机械噪声)。该技术的相关研究成果在 CCF A 类会议 ACM UbiComp 2022 发表,并申请发明专利 2 项。提出了融合知识图谱的音频表征与分类技术,并将该技术应用于洗衣机异音故障归因。工厂生产的不合格产品在运转时因不同故障会发出不同的异常声音,专业的质检员可以根据不同的声音来判断机器出现了何种异常,同时借助的已掌握的机器可能出现的各种故障以及它们之间的关系等信息使判断更加准确。基于此,研究团队通过在分类模型中融合洗衣机异音知识图谱来加入与异音相关的额外信息,帮助提高异音分类模型的准确率。相关研究成果在 CCF B 类会议 ICASSP 2023 发表,并申请发明专利 1 项。提出了基于区块链与射频标签物理层信号指纹的产品认证溯源方法。该方法采用链上链下双掩码迭代加密机制,可实现对应用层产品数据的可信认证,并利用标签物理层信号特征实现了产品线下可信认证;连通了产业链数据与实体间的链接关系,能够抵御信息伪造、二次销售等十余种攻击,可利用前序所有节点的公钥进行嵌套解密,实现了去中心化的产品可信溯源。相关研究成果在 CCF A 类会议 ACM UbiComp 2023 发表,并申请发明专利 1 项。提出了融合图像与毫米波信号的动态人体网格构建方法。该方法能够同时捕捉人体体型、姿态、动作,克服了传统视觉方案在昏暗光线、低质图像等条件下的模型性能下降问题,其模型鲁棒性更强,可应用于生产线工人作业感知与评估中。相关研究成果在 CCF A 类会议 ACM UbiComp 2023 发表,并申请发明专利 1 项。

在数据空间原型系统的构建方面,研究团队从数据层面利用批流处理层将多路采集卡的多源异构数据采集到统一的数据队列中,并根据数据类别使其进入到不同数据通道中,再根据每种类型数据的处理要求,使其分别进入相应的计算引擎。首先将进入批处理引擎的数据进行 Hadoop 分布式存储,然后根据批处理任务的要求选择相应的数据块提供给 OS 平台进行批量计算。在算法层面,对生产线中的多源异构数据(主要为生产部件的图像和音频等)进行了建模分析。利用高层特征的语义信息融合位置信息来抵御低层特征的噪声,达到提取关键特征的目的,可用于产品的缺陷检测等。在应用层面,结合数据空间异构数据挖掘、批流数据融合、智能决策等技术,开发了异音在线检测算法平台,围绕音频、振动检测技术对产线异音检测场景进行柔性检测,构建了以生产制造服务为核心的业务场景,可实现智能化和柔性化质量检测,为制造企业带来实质经济效益和促进其高质量发展。相关研究成果已投稿 SCI 期刊 2 篇,并申请发明专利 2 项,取得软件著作权 2 项。

附　录

本专著受到国家重点研发计划项目"制造企业数据空间设计理论与方法"的支持,以下附上项目执行期间所获得的系列科研成果。

附录 A:IEEE 标准申请情况

[1]IEEE Standards Association. IEEE Standard for Interoperability of Complex Virtual Instruments for Internet of Things:IEEE Std 2735-2022 [S]. New York:IEEE,2023. DOI:10. 1109/IEEESTD. 2023. 10036394.

[2]IEEE Standards Association. IEEE Standard Design Criteria of Complex Virtual Instruments for Household Appliance Test:IEEE Std 2735.1-2022 [S]. New York:IEEE,2023. DOI: 10. 1109/IEEESTD. 2023. 10036245.

附录 B:发明专利授权/受理情况

[1]郭忠文,姜思宁. 一种物联网节点的群组式互联方法:202111224604.0 [P]. 2021-10-21.

[2]郭忠文,崔子元,李浩. 一种物联网系统的设计方法:202111224628.6 [P]. 2021-10-21.

[3]郭忠文,钟传盛,王玺. 一种物联网系统中设备交互软件仿真程序的设计方法:202111255922.3 [P]. 2021-10-27.

［4］孙国道,王潇,张颖,等. 一种多属性事理关系抽取及可视分析方法:202110677266. X［P］. 2021-06-18.

［5］孙国道,张颖,王潇,等. 一种基于三元组抽取的时序数据可视分析方法:202110677044. 8［P］. 2021-06-18.

［6］孙国道,黄厚超,梁荣华. 一种基于调度规则的车间排产和分析方法:202110763705. 9［P］. 2021-07-06.

［7］刘新慧,惠维,白改瑞,等. 一种基于阴影模型的联邦多源域适应方法及系统:202111308767. 7［P］. 2021-11-05.

［8］赵衰,李镇江,丁菡,等. 一种面向无源 RFID 的扩频与宽带感知增强方法及系统:202111277431.9［P］. 2021-10-29.

［9］丁菡,王一展,李昊,等. 一种融合超声波信号特征的语音增强方法及系统:202111316293. 0［P］. 2021-11-08.

［10］王鸽,石守谦,汪敏梅,等. 一种基于区块链技术的全产业链产品溯源认证方法及系统:202210192876.5［P］. 2022-02-28.

［11］韩鲁冰,王鸽,惠维,等. 一种可被 RFID 标签识别的可见光编码方式:202111031257.X［P］. 2021-09-03.

［12］秦涛,惠维,杨和,等. 一种基于分层自适应的联邦学习方法、装置、设备及介质:202110921298.X［P］. 2021-08-11.

［13］王鸽,杨睿华,丁菡,等. 超高频射频识别标签物理层特性的标签认证方法及系统:202210528949.3［P］. 2022-05-16.

附录 C:论文发表情况

［1］Wang P, Jiang R, Liu C. Amaging:Acoustic hand imaging for self-adaptive gesture recognition［C］// IEEE. IEEE INFOCOM 2022-IEEE Conference on Computer Communications. New York:IEEE,2022:80-89.

［2］Jiang R, Liu C. Enhancing marine data transmission with socially-aware resilient vessel networks［J］. IEEE Wireless Communications,2022,29(3):72-78.

［3］Liu C, Gao L, Jiang R. Neartracker:Acoustic 2-d target tracking with nearby reflector in siso system[C]//IEEE. ICASSP 2022-2022 IEEE International Conference on Acoustics，Speech and Signal Processing (ICASSP). New York：IEEE，2022：46-50.

[4]Xian L，Li B，Liu J，et al. H-PS：A heterogeneous-aware parameter server with distributed neural network training[J]. IEEE Access，2021，9：44049-44058.

[5]Wang L，Sun G，Wang Y，et al. AFExplorer：Visual analysis and interactive selection of audio features[J]. Visual Informatics，2022，6(1)：47-55.

[6]Chang B，Sun G，Li T，et al. MUSE：Visual analysis of musical semantic sequence[J]. IEEE Transactions on Visualization and Computer Graphics，2023,29(9)：4015-4030.

[7]Cheng Z，Luo X，Shi Y，et al. Fabric defect detection algorithm based on YOLOv3 Transfer learning[C]// Association for Computing Machinery . ICFEICT 2021：International Conference on Frontiers of Electronics，Information and Computation Technologies. New York：Association for Computing Machinery，2021.

[8]He B，Luo X，Shi Y，et al. Fabric image feature extraction algorithm based on InceptionV3 Transfer learning[C]// Association for Computing Machinery. ICFEICT 2021：International Conference on Frontiers of Electronics，Information and Computation Technologies. New York：Association for Computing Machinery，2021.

[9]Shao W，Feng X，Zhu M，et al. Fuzzy evaluation system for innovation ability of science and technology enterprises[C]// Uden L，Ting IH，Wang K. International Conference on Knowledge Management in Organizations. Cham：Springer，2021：147-159.

[10]Jia B，Luo X，Tao R，et al. Surface defect detection of aluminum material based on HRNet feature extraction[C]// Association for Computing Machinery. 2021 4th International Conference on Data Science and Information Technology. New York：Association for Computing Machinery，2021：44-48.

[11]Ding H,Zhai L，Zhao C，et al. RF-ray：Joint RF and linguistics domain learning for object recognition[J]. Proceedings of the ACM on Interactive，Mobile，Wearable and Ubiquitous Technologies，2021，5(3).

[12]Zhao C，Li Z，Ding H，et al. Anti-spoofing voice commands：a generic wireless assisted design[J]. Proceedings of the ACM on Interactive，Mobile，Wearable and Ubiquitous Technologies，2021，5(3).

[13]Xu B，Liang H，Liang R，et al. CFN：a coarse-to-fine network for eye fixation prediction

[J]. IET Image Processir.g，2022,16(9):2373-2383.

[14]Li D，Tian M，Jiang R，et al. Exploiting temperature-varied voltage fingerprints for in-vehicle CAN intrusion detection[C] // Association for Computing Machinery. ACM Turing Award Celebration Conference-China（ACM TURC 2021）. New York：Association for Computing Machinery，2021：116-120.

附录 D:软件著作权发表情况

[1]中国海洋大学.琏雾系统多网关设备交互软件 V1.0.软件著作权,登记号:2023SR0668266.

[2]中国海洋大学.可拓展的数据资源采集及数据湖存储分析软件 V1.0.软件著作权,登记号: 2023SR1616964.

[3]中国海洋大学.基于多维时钟特征的总线网络异常溯源系统.软件著作权,登记号: 2023SR0807762.

[4]中国海洋大学.图高阶结构信息感知的深度聚类系统.软件著作权,登记号:2023SR0807763.

[5]中国海洋大学.面向数据空间的元数据演化聚类系统.软件著作权,登记号:2023SR1779011.

[6]浙江工业大学.一种面向视频帧目标分割的标注软件.软件著作权,登记号:2023SR1169447.

[7]浙江工业大学.一种制造业产品质量特征分析与在线预测软件.软件著作权,登记号: 2023SR1160824.

[8]浙江工业大学.一种制造音频数据的特征提取与分析软件 V1.0.软件著作权,登记号: 2022SR0952048.

[9]东华大学.知识图谱数据转换系统 V1.0.软件著作权,登记号:2023SR0882595.

[10]东华大学.智能制造知识图谱系统 V1.0.软件著作权,登记号:2023SR0926765.

[11]东华大学.OPCUA 数据集 RDF 转换系统软件 V1.0.软件著作权,登记号:2023SR0926599.

[12]西安交通大学.基于工人实时动作捕捉的工序生成与动作评估软件.软件著作权,登记号: 2023SR1337486.

[13]西安交通大学.支持大规模定制的产品知识挖掘与画像软件.软件著作权,登记号: 2024SR0024310.

[14]西安交通大学.面向制造企业经营管理的时序数据因果推断软件.软件著作权,登记号: 2024SR0030603.

[15]西安交通大学.基于多部门数据联合分析的产品销量智能预测软件.软件著作权,登记号: 2024SR0025554